Walter Kardinal Kasper

Papst Franziskus –
Revolution der Zärtlichkeit
und der Liebe

Walter Kardinal Kasper

Papst Franziskus –
Revolution der Zärtlichkeit
und der Liebe

Theologische Wurzeln
und pastorale Perspektiven

Inhalt

I.
Papst der Überraschungen

Die Wahl von Kardinal Jorge Mario Bergoglio zum Bischof von Rom und damit zum universalen Hirten der katholischen Kirche war eine Überraschung. Überraschend, ja wie ein Blitz aus heiterem Himmel war schon die Ankündigung des Amtsverzichts von Papst Benedikt XVI. am 11. Februar 2013. Kaum jemand hatte zu diesem Zeitpunkt damit gerechnet. Doch schon bald machte bei den meisten katholischen wie auch bei vielen nichtkatholischen Christen die erste Sprachlosigkeit, bei manchen auch Ratlosigkeit, der Einsicht Platz, dass dieser Amtsverzicht ein mutiger, ein großmütiger und ein demütiger Akt war, der Hochachtung verdient.[1] Das Papsttum war durch diesen Schritt nicht, wie manche befürchteten, beschädigt, sondern menschlicher und vor allem geistlicher geworden. Die Tür für eine neue Epoche der an Wandlungen nicht armen Papstgeschichte war damit geöffnet. Denn der Amtsverzicht eines Papstes war zwar schon bisher eine im Kirchenrecht vorgesehene Möglichkeit; nun war aber aus der Möglichkeit erstmals in der neuzeitlichen Geschichte der Kirche eine Wirklichkeit geworden. Eine neue, in dieser Form bisher nicht dagewesene Situation war eingetreten.

Die neue Situation traf die katholische Kirche und die Römische Kurie in einem kritischen Moment. Die *Vatileaks*, vom Schreibtisch des Papstes entwendete und veröffentlichte Dokumente, und der Verdacht von Unregelmäßigkeiten im Finanzgebaren vor allem der sogenannten Vatikanbank *(Istituto per le Opere di Religione, IOR)* zeigten, dass im kurialen Apparat vieles nicht mehr so funktionierte, wie man es gewohnt war und erwarten konnte.[2] Die Krise reichte jedoch tiefer als die Krisenzeichen in der Römischen Kurie. Die Fälle von Missbrauch hatten vor allem in den Vereinigten Staaten, Irland, Belgien und Deutschland einen Schock ausgelöst und schweren Schaden angerichtet. Dazu kam der Eindruck einer geistigen Ermüdung und Erschöpfung, ein Mangel an Zuversicht und Begeisterung. Die Kirche war immer mehr vornehmlich mit sich selbst beschäftigt, sie litt an sich selbst und jammerte über sich selbst oder feierte gelegentlich sich selbst. Ihre prophetische Kraft schien wie erloschen und ihr missionarischer Schwung erlahmt zu sein. Eine weltlich gewordene, nicht mehr kommunistische, sondern konsumistische, von der Wirtschaft bestimmte Welt schickte sich an, sie zu einer Marginalie zu machen. Weltweit boomende Pfingstkirchen und Esoterik drohten ihr den Rang abzulaufen. Eine unaufhaltsame Abwärtsspirale schien im Gang zu sein.[3]

Erstes Kapitel

So stand das Konklave nach dem Amtsverzicht von Papst Benedikt unter einem völlig anderen Vorzeichen als das Konklave acht Jahre zuvor. Damals schien die Kirche nach dem über ein Vierteljahrhundert dauernden Pontifikat von Papst Johannes Paul II. öffentlich gut dazustehen. Staatsoberhäupter aus aller Welt und, erstmals in der Kirchengeschichte, die höchsten Repräsentanten der nichtkatholischen Kirchen verneigten sich bei den Trauerfeierlichkeiten vor dieser großen Gestalt, welche die Nachkriegsgeschichte Europas und der Welt maßgeblich mitgeprägt hatte und der katholischen Kirche ihr Gesicht gab. Darum setzte man bei der Wahl des Nachfolgers vor allem auf Kontinuität. Dafür galt Kardinal Joseph Ratzinger aufgrund seiner langjährigen Zusammenarbeit mit Papst Johannes Paul II. theologisch wie spirituell als zuverlässiger Garant. Mit der Wahl des Namens Benedikt, des Patrons Europas, drückte er seine Verwurzelung in bester europäischer Tradition aus; auf dieser Grundlage hat er ein reiches geistliches Erbe hinterlassen, das in Zukunft nochmals neu geschätzt werden wird.

Der Amtsverzicht Benedikts XVI. hat die Krise, die verdeckt schon vor acht Jahren da gewesen war, vor aller Augen schlagartig offenkundig gemacht, und der Steuermann an Bord sah sich wegen des rapiden Verfalls seiner physischen Kräfte nicht mehr in der Lage, in der aufgewühlten See einer sich rasch wandelnden Welt das Ruder des Schiffleins Petri in der Hand zu halten. Die Antwort auf die Frage, wer in der Lage sei, das Steuer zu übernehmen, und welches der Kurs in der schwierigen Situation im dafür notwendigen Konsens der Kirche sein könne, war freilich alles andere als klar.

In dieser Situation war es naheliegend, dass sich die Blicke vieler über die müde wirkenden Kirchen Europas hinaus auf die jungen Kirchen im Süden richteten. Auch dort gibt es viele Probleme, wie es umgekehrt im alten Europa, wo die Säkularisierung rasch voranschreitet, noch viel christliche Substanz gibt. Doch während zu Beginn des 20. Jahrhunderts nur etwa ein Viertel der Katholiken außerhalb Europas lebte, so am Ende des Jahrhunderts nur weniger als ein Viertel in Europa. Die katholische Kirche hat sich im Laufe eines Jahrhunderts demographisch glatt auf den Kopf gestellt. Seit dem Zweiten Vatikanischen Konzil (1962–1965) ist sie in einer neuen, auch soziologisch fassbaren Weise Weltkirche geworden, die sich in allen Ortskirchen in unterschiedlicher und teilweise zeitversetzter Weise mit einem raschen kulturellen und gesellschaftlichen Wandel konfrontiert sieht.

Bei den informellen Gespräch unter den Kardinälen während des Vorkonklaves, den Kardinalskongregationen, die während der Sedisvakanz jeden Tag stattfinden, wurden verschiedene Namen genannt, aber es zeichnete sich kein Name ab, auf den die Wahl zulaufen könnte. Der Name des Erzbischofs von Buenos Aires, Kardinal Jorge Mario Bergoglio, stand nicht auf der Liste der *Papabili*, welche Journalisten vor der Wahl eines neuen Papstes zusammenzustellen pflegen. Zwar war er Insidern seit dem vorhergehenden Konklave von 2005, als sein Name bereits zur Diskussion stand, bekannt. Aber die Tatsache, dass er nunmehr im Alter von 77 Jahren bei nicht allzu robuster Gesundheit kurz vor seiner Emeritierung stand, dazu ein Nichteuropäer vom anderen Ende der Welt und Mitglied des Jesuitenordens ist, aus dem bislang noch kein Papst hervorgegangen war, machte seine Wahl für die meisten Beobachter eher unwahrscheinlich.

Im Vorkonklave legte Kardinal Jorge Mario Bergoglio in einer eindrucksvollen Intervention den Finger deutlich auf die Schwachstellen einer selbstbezogenen, nicht mehr missionarisch ausstrahlenden Kirche. Sein Appell für eine Kirche im missionarischen Aufbruch hinaus an die Peripherien machte einen starken Eindruck.[4] Doch entschieden war damit nichts. Die Entscheidung konnte nach Lage der Dinge erst im Konklave fallen, und dafür wollten alle auf den Beistand des Geistes Gottes vertrauen.[5]

So war es keineswegs klar vorhersehbar, sondern eine Überraschung, dass Kardinal Bergoglio schon am Abend des zweiten Tags des Konklaves mehr als zwei Drittel der Stimmen der wahlberechtigten Kardinäle auf sich vereinen konnte und damit am 13. März 2013 zum 265. Nachfolger des Apostels Petrus gewählt war. Nicht wenige Kardinäle äußerten nachher den Eindruck, dass sich in diesem Konklave »etwas« bewegt habe. Es waren nicht irgendwelche Machenschaften oder kluge Überredungskünste. Es war erfahrbar, wie es der Papst nachher beim Empfang für die Kardinäle sagte: »Es ist Christus, der durch seinen Geist die Kirche leitet.«[6]

Durch die Wahl seines Namens sorgte der Überraschungspapst sofort nach seiner Wahl für eine weitere Überraschung. Kein Papst zuvor hatte sich den Namen Franziskus zugelegt. Schnell war klar, dass dies mehr war als eine Namenswahl; der Name war Programm. Bei seiner ersten Begegnung mit den Medienvertretern erläuterte der neue Papst die Wahl seines Namens mit dem Hinweis auf Franziskus von Assisi: »Er ist Mann der Armut, Mann des Friedens, Mann, der die Schöpfung liebt und bewahrt.« Und der Papst fügte hinzu: »Ach, wie möchte ich eine arme Kirche für die Armen!«[7] Damit waren, wie bald sichtbar werden sollte, wichtige Leitworte des neuen Pontifikats gefallen. Papst Franziskus setzte sie gleich in die Tat um, indem er bei seinem ersten Auftritt auf der Loggia von Sankt Peter auf herkömmliche Zeichen päpstlichen Glanzes und päpstlichen Vorrangs verzichtete. Er zeigte sich in dem schlichten weißen Talar mit dem metallenen Kreuz, das er schon als Bischof getragen hatte. Es folgte kein liturgischer Gruß, sondern ein einfaches, ganz unpathetisches »Buona sera!«

Überraschend sprach er von sich nicht als Papst, sondern als Bischof von Rom. Damit griff er auf früheste Tradition zurück. Denn Bischof der Kirche von Rom zu sein, die Ignatius von Antiochien schon um die Mitte des 2. Jahrhunderts als Vorsitzende im Bund der Liebe bezeichnete, war und ist kein Anhängsel, sondern die

Erstes Kapitel

Grundlage des universalen Hirtenamtes des Papstes.[8] Mit dieser Selbstbezeichnung setzte Papst Franziskus besonders im Blick auf die Kirchen des Ostens ein deutliches ökumenisches Zeichen, das für den Ökumenischen Patriarchen Bartholomäus Grund genug war, an der offiziellen Amtseinführung am 19. März 2013 teilzunehmen. Als der neue Papst schließlich vor der Erteilung des Apostolischen Segens das anwesende Volk um dessen Gebet bat, damit Gott ihn segnen möge, und sich dann tief verneigte, herrschte auf dem prall gefüllten Petersplatz augenblicklich für Minuten andächtige Stille. Jeder konnte spüren, dass mit diesem Papst etwas Neues angebrochen war. »Und jetzt beginnen wir diesen Weg, Bischof und Volk, den Weg der Kirche von Rom, die den Vorsitz in der Liebe führt.«[9]

Das Wort Weg – ein Grundwort der Bibel für den Weg Gottes mit seinem Volk; Jesus selbst sagte von sich, er sei der Weg (Joh 14,6), und die ersten Christen verstanden sich als Leute des neuen Wegs (Apg 19,9.23) – war ein Lieblingswort schon des Kardinals Bergoglio und wird jetzt ein weiteres Leitwort für den neuen Stil dieses Pontifikats. In den Gesprächen mit seinem Freund, dem Rabbiner Abraham Skorka, sagte er: »In der persönlichen Gotteserfahrung muss man sich auf den Weg machen. Gott ... begegnet man beim Gehen, beim Voranschreiten, indem man ihn sucht und sich von ihm suchen lässt. Das kann auf verschiedenen Wegen geschehen, auf dem des Schmerzes, der Freude, des Lichts, der Dunkelheit.«[10] In einer Rede beim Besuch einer evangelikalen Gemeinde in Caserta (siehe unten *Kapitel VIII. Ökumenische Vision*) fügt der Papst in für ihn bezeichnender Weise hinzu: »Christen, die stillstehen: Das tut nicht gut, denn was stillsteht, was sich nicht bewegt, verdirbt wie stehendes Wasser: Das Wasser, das zuerst verdirbt, ist das Wasser, das nicht fließt.«[11]

Die Frage war daher: Welches wird der Weg des neuen Papstes zusammen mit dem Volk Gottes sein? Selbstverständlich der Weg der Nachfolge Jesu Christi. Einen anderen gibt es für die Kirche nicht. Aber das war und ist offensichtlich ein Weg voller Überraschungen. Die nicht geringste Überraschung war, dass es dem Papst in kurzer Zeit gelang, die pessimistische Grundstimmung aufzuhellen, die sich durch die Stagnation, die Skandale und die durch die *Vatileaks* offenkundig gewordenen Probleme wie ein Mehltau auf die Kirche gelegt hatte. Überraschend hat Papst Franziskus frischen Wind in die Kirche gebracht, den Wind der Zuversicht, der Freude und der Freiheit. Überraschend und keineswegs selbstverständlich war schließlich die insgesamt wohlwollende Aufmerksamkeit, die der neue Papst in sonst eher kirchendistanzierten Milieus und in den Medien fand.

So ist es nicht verwunderlich, dass schon anderthalb Jahre nach seinem Amtseintritt eine kaum mehr übersehbare Fülle von Veröffentlichungen über Papst Franziskus erschienen ist. Die meisten Veröffentlichungen entsprechen der hohen Akzeptanz, welche der Papst schon nach wenigen Tagen und Wochen bei der weit überwiegenden Mehrheit des Volkes Gottes und weit darüber hinaus gefunden hat.[12] Es fehlt freilich nicht an kritischen Stimmen, die sagen: Dieser Papst gefällt uns nicht, weil er zu sehr gefällt.[13] Inzwischen haben die Vorbehalte, die offene oder auch versteckte Kritik in manchen Medien und Websites, auch in manchen Zirkeln der Kirche zugenommen. Das ist nicht überraschend; überraschend wäre im Blick auf den Weg Jesu und auf den Weg der Kirche in der Geschichte eher das Gegenteil. Schließlich gibt es nicht wenige, die der neuen Begeisterung nicht recht trauen, die sich in vornehm abwartender Zurückhaltung üben und angesichts des vorgerückten Alters des Papstes das Pontifikat mehr oder weniger aussitzen wollen. Was für die allermeisten wie ein neuer Frühling erscheint, ist für sie ein vorübergehender Kälteeinbruch, kein Neuanfang, sondern ein Zwischenfall.

Im Folgenden geht es nicht um solche kirchenpolitische Einschätzungen, nicht um biographische Details, Anekdoten und Episoden, schon gar nicht um Plaudereien aus dem Nähkästchen, was sich wirklich oder vermeintlich hinter den Mauern des Vatikans abspielt. Das alles mag interessant sein, betrifft aber nicht den Kern. Im Folgenden soll der Versuch unternommen werden, sich dem Phänomen Franziskus theologisch zu nähern und den theologischen Hintergrund und den theologischen Gehalt des Pontifikats etwas auszuleuchten und die sich eröffnenden neuen Perspektiven deutlich zu machen. Die positiven wie die kritischen Beurteilungen stehen in der Gefahr einer Banalisierung und Trivialisierung des Pontifikats. Machen die einen aus dem Papst eine Art Star, so betrachten ihn die anderen als theologisches Leichtgewicht. Papst Franziskus ist weder das eine noch das andere. Was dann?

Um diese Frage in dem Maß, als es mir möglich ist, zu beantworten, möchte ich zunächst den theologischen und geistlichen Wurzeln nachgehen und die große Tradition aufzeigen, in der das Pontifikat steht. Das überraschend Neue dieses »Papstes der Überraschungen«[14] sind nicht irgendwelche Neuerungen, sondern die ewige Neuheit des Evangeliums, das immer dasselbe und doch immer wieder überraschend neu und stets neu aktuell ist. Jesus Christus, »sein Reichtum und seine Schönheit sind unerschöpflich. Er ist immer jung und eine ständige Quelle von Neuem« (EG 11). Die Erinnerung an das Evangelium und seine ewige Neuheit ist freilich immer auch eine gefährliche Erinnerung. Es stellt infrage und ruft zur Umkehr und zur Neuorientierung. Man muss sich immer wieder von Gott überraschen lassen und neu aus dem Gewohnten aufbrechen. Das weckt Widerstand. So war es schon bei Jesus, und das ist auch in der bisherigen Geschichte der Kirche so und kann heute nicht anders sein. Wäre es anders, wäre es gewiss nicht das Evangelium Jesu Christi.

II.

Kontinuität und Reform –
Nicht die Asche, sondern
die Glut

Bei dem Versuch einer theologischen Annäherung muss man sich von vornherein vor zwei Vorurteilen hüten, die beide auf einander diametral entgegengesetzte Weise Papst Franziskus zu vereinnahmen versuchen. Die einen suchen ihn für die eigenen, besonders für die bekannten in der westlichen Welt verbreiteten Reformvorstellungen in Anspruch zu nehmen und ihn daran zu messen, ob oder gegebenenfalls wieweit er diesen Erwartungen entspricht. Mit solchen dem westlichen Modernisierungsdiskurs verpflichteten Erwartungen kann man einem aus der südlichen Hemisphäre kommenden Papst kaum gerecht werden. Er passt nicht in unser inzwischen etwas angestaubtes und abgenutztes Schema von progressiv und konservativ. Von beiden Positionen hat er sich in einer eindrücklichen Schlussansprache bei der außerordentlichen Bischofssynode am 18. Oktober 2014 klar abgegrenzt.

Das andere Vorurteil geht den umgekehrten Weg. Es sieht die offenkundigen Unterschiede in der Persönlichkeit und im Stil zwischen Franziskus und Benedikt XVI., fügt aber sofort beflissen hinzu, dass in der Sache kein Blatt Papier zwischen beide passe. Daran ist richtig: Beide Päpste sind katholisch und vertreten die katholische Lehre. Es wird sich im Folgenden sogar zeigen lassen, dass Papst Benedikt in vielen Fragen das gegenwärtige Pontifikat weit mehr theologisch vorbereitet hat, als es auf den ersten Blick scheinen mag.[15] Papst Franziskus selbst lässt keine Möglichkeit aus, um diese Übereinstimmung zu betonen. Am deutlichsten kommt diese Kontinuität dadurch zum Ausdruck, dass Papst Franziskus die noch von Papst Benedikt vorbereitete Enzyklika *Lumen fidei* (2013) mit nur zwei kurzen Zusätzen sich zu eigen gemacht hat. Deutlicher kann man die Kontinuität nicht zum Ausdruck bringen. Kurz danach hat Papst Franziskus aber in dem Apostolischen Schreiben *Evangelii gaudium* (2013) sein eigenes Programm vorgelegt. Es ist ein Jahrhundertprogramm, in dem Unterschiede deutlich sind – Unterschiede nicht in den Glaubenswahrheiten, wohl aber im Stil, im methodischen Ansatz und in den Akzentsetzungen.

Will man den Unterschied kurz, vielleicht auch etwas verkürzt skizzieren, kann man sagen: Papst Benedikt vertritt nach Herkunft und Bildung in profilierter Weise beste europäische Tradition. Er geht aus vom Glauben der Kirche, sucht ihn geistig und geistlich dem Verstehen zu erschließen, um dann – wie es der traditionellen Verhältnisbestimmung von Theorie und Praxis entspricht – die Glaubenslehre in der Praxis umzusetzen. Sein Sprachstil ist geistlich durchdachte und durchlebte Lehre. Papst Franziskus dagegen ist von der kerygmatischen Theologie bestimmt.[16] Dabei ist er nicht etwa ein verkleideter Franziskaner; er ist durch und durch Jesuit. Im Geist seines Ordensgründers Ignatius von Loyola (1491–1556) geht er nicht von der Lehre, sondern von der konkreten Situation aus; natürlich will er sich der Situation nicht einfach anpassen, vielmehr versucht er, sie, wie im Exerzitienbüchlein des Ignatius vorgesehen, nach den Regeln der Unterscheidung der Geister zu beurteilen. Mit Hilfe solcher geistlicher Unterscheidung kommt er dann zu konkreten praktischen Entscheidungen (EG 50 f.).[17]

Von der Unterscheidung der Geister ist schon im Neuen Testament (Röm 12,2; 1 Kor 12.10; 1 Thess 5,21; 1 Joh 4,1) und dann in der ganzen geistlichen Tradition die Rede. Im Verständnis des Ignatius von Loyola will sie Antwort geben auf die Frage: Was will Gott von mir in dieser konkreten Situation? In diesem Sinn hat Karl Rahner (1904–1984) von einer existenziellen Erkenntnis, das heißt von der Erkenntnis des konkreten, an den jeweils Einzelnen gerichteten Willens Gottes gesprochen.[18] Es geht – wie es Papst Franziskus ausdrückt – um die ganz persönliche Einsicht: »Ich bin eine Mission auf dieser Erde, und ihretwegen bin ich auf dieser Welt« (EG 273).

Das Zweite Vatikanische Konzil hat diese Methode im Anschluss an Papst Johannes XXIII. in der Pastoralkonstitution *Gaudium et spes* auf die Kirche angewandt. Das Konzil suchte von den »Zeichen der Zeit« auszugehen und sie im Licht des Evangeliums zu deuten.[19] Dieser Ansatz bei den »Zeichen der Zeit« hat schon während des Konzils für Auseinandersetzungen gesorgt. Deutsche Bischöfe und Theologen, auch der damalige Peritus Joseph Ratzinger, hätten den Ansatz bei der Christologie vorgezogen. Die Frage nach dem Verhältnis von Lehre und konkreter Situation konnte während des Konzils nicht voll ausdiskutiert werden. In der endgültigen Fassung wurde jedoch ein Ausgleich erzielt, der dann breite Zustimmung gefunden hat.[20]

Die Theologie der Befreiung hat den in der Pastoralkonstitution *Gaudium et spes* vollzogenen methodischen Perspektiven- oder auch Paradigmenwechsel[21] im Sinn des Dreischritts von sehen – urteilen – handeln aufgegriffen. Diese Methode wurde von dem Gründer der Katholischen Arbeiterjugend (JOC) und späteren Kardinal Joseph Cardijn (1882–1967) entwickelt und von Papst Johannes XXIII. in der Sozialenzyklika *Mater et magistra* (1961) ausdrücklich empfohlen.[22] Die Generalversammlungen des lateinamerikanischen Episkopates (CELAM) haben sich diese Methode in Medellín (1968), Puebla (1979) und dann wieder in Aparecida (2007) zu eigen gemacht.[23] In Aparecida war Kardinal Jorge Bergoglio Vorsitzender des Redaktionskomitees und als solcher der Architekt des von dieser Versammlung beschlossenen Dokuments, das er dann als Papst in seiner Rede an die Bischöfe Brasiliens anlässlich

Zweites Kapitel

des Weltjugendtags 2013 in Rio de Janeiro als Schlüssel zum Verständnis der Sendung der Kirche bezeichnet hat.

Der Unterschied zwischen Papst Benedikt und Papst Franziskus reicht also weit zurück; aber er betrifft nicht die theologische Wahrheit, sondern die theologische Methode, die damit verbundenen Akzente und den bei Papst Franziskus weniger lehrhaften und mehr kerygmatischen Stil. Solche Unterschiede sind im Blick auf die ältere wie auf die jüngere Papstgeschichte nichts Neues, sondern Ausdruck katholischer Einheit in der Vielfalt sowie Zeichen einer nicht toten, sondern lebendigen, vom Geist Gottes getragenen Tradition. Die gesamte Papstgeschichte ist voll von solcher Einheit in der Vielfalt und der Verschiedenheit.

Am besten kann man die Frage von Kontinuität und Diskontinuität zusammenfassend mit Hilfe der berühmten Rede klären, welche Papst Benedikt am 22. Dezember 2005 an das Kardinalskollegium und an die Römische Kurie gerichtet hat. Darin hat Papst Benedikt im Blick auf das Zweite Vatikanische Konzil von einer Hermeneutik der Kontinuität gesprochen, die er von einer Hermeneutik des Bruchs unterschieden hat. Aber im Anschluss an den großen Vordenker moderner katholischer Theologie, John Henry Newman (1801–1890)[24], hat er die Kontinuität der Prinzipien von der Diskontinuität in der praktischen Anwendung und Reform unterschieden. So konnte Papst Benedikt die Hermeneutik der Kontinuität als eine Hermeneutik der Reform bezeichnen.

Papst Franziskus will erklärtermaßen Reformen in der Kirche (EG 26). Damit ist er, auch wenn es manche Medien so darstellen und manche Katholiken es befürchten, kein Revolutionär im Sinn eines Umstürzlers. Er ist ein Konservativer, aber ein Konservativer, der ebenso wie Johannes XXIII. und die folgenden Päpste bis Benedikt XVI. weiß, dass man das Erbe der Tradition nur dann bewahren kann, wenn man es nicht als eine tote Münze begreift, die man von Hand zu Hand weitergibt, bis sie am Ende ganz abgegriffen ist, oder als ein schönes Museumsstück, das man in einem Glaskasten verwahrt. Man kann die Tradition nur bewahren, indem man sie in der Kraft des in der Kirche gegenwärtigen Heiligen Geistes, der in alle Wahrheit einführt (Joh 16,13), vergegenwärtigt. Tradition ist in einem der ein für alle Mal verbindliche Inhalt der apostolischen Hinterlassenschaft wie deren immer wieder neue Vergegenwärtigung im Heiligen Geist. In diesem Sinn wird die Tradition vom Zweiten Vatikanischen Konzil als eine lebendige Tradition verstanden, in der es unter dem Beistand des Heiligen Geistes Fortschritt und Wachstum im Verständnis des ein für alle Mal überlieferten apostolischen Glaubens gibt (DV 8; vgl. DH 3020).

Thomas Morus (1478–1535) wie Johannes XXIII. (1881–1963) wird das Diktum zugeschrieben, es gelte nicht die Asche weiterzugeben, sondern die darunter verborgene Glut. Papst Franziskus will manche angesammelte Asche beseitigen, um den Glutkern des Evangeliums wieder neu zum Leuchten zu bringen. Will man von Revolution sprechen, dann ist es keine Revolution des gewaltsamen Umsturzes, sondern, wie Franziskus sagt, die Revolution der Glut zärtlicher Liebe, auf deren von innen verwandelnde Kraft er setzt (EG 88; 288).

III.
Theologiegeschichtliche Einordnung – argentinische und europäische Wurzeln

Jeder Papst kommt aus einer bestimmten geschichtlichen und kulturellen Tradition. Papst Franziskus ist der erste Papst, der aus einer Megapolis der südlichen Hemisphäre stammt. Solche Megapolen sind nicht nur was die Größe, sondern auch was die Vielfältigkeit der Herkunft und der Kultur ihrer Bevölkerung betrifft, kaum mit einer unserer europäischen Großstädte zu vergleichen. Buenos Aires, wo Jorge Bergoglio aufgewachsen ist und wo er später als Bischof wirkte, ist zunächst von der europäischen Kultur bestimmt und galt zu Beginn des 19. Jahrhunderts als das Paris Lateinamerikas. Dazu kommt die typisch argentinische Kultur der im 19. Jahrhundert folkloristisch verklärten ursprünglichen Einwohner, der Gauchos, sowie die Kultur unterschiedlicher, vor allem italienischer Immigranten. Schließlich muss man die trostlosen Peripherien und Elendsviertel der Armen (*casas miserias*) nennen.[25]

Evangelisierung dieser pluralistischen Stadtkulturen und vor allem ihrer Peripherien war für Erzbischof Bergoglio eine Herausforderung und ein drängendes Anliegen.[26]

Allein vor diesem Hintergrund kann man die Theologie verstehen, welche Papst Franziskus geprägt hat. Sein wichtigster theologischer Lehrer war Lucio Gera (1924–2012). Wie sehr Erzbischof Bergoglio ihn schätzte, geht allein daraus hervor, dass er ihn nach dessen Tod im Jahr 2012 in der Bischofsgruft der Kathedrale von Buenos Aires beisetzen ließ, um ihn als Vater der argentinischen Theologie zu ehren. Lucio Gera nahm zusammen mit Gustavo Gutiérrez, der als Vater der Theologie der Befreiung gilt, neben anderen an der vom lateinamerikanischen Bischofsrat (CELAM) einberufenen Konferenz von Petropolis im Jahr 1964 teil. Sie gilt als Geburtsstunde der Theologie der Befreiung. Auf dieser Konferenz hielt Lucio Gera ein Referat zu dem Thema: »Die Bedeutung der christlichen Botschaft im Kontext von Armut und Unterdrückung«. Dieses Thema ist für alle Formen der Befreiungstheologie grundlegend geworden. Sie alle gehen nach der Methode sehen – urteilen – handeln vor.[27]

Die argentinische Art der Befreiungstheologie hat durch den maßgebenden Einfluss von Lucio Gera jedoch ihren eigenen Weg genommen und ein eigenes Profil entwickelt.[28] Anders als andere, bei uns meist besser bekannte Formen geht sie nicht aus von einer Analyse der soziopolitischen und ökonomischen Verhältnisse und von den Gegensätzen in der Gesellschaft, um diese dann

oft im Sinn der Dependenztheorie marxistisch zu interpretieren.[29] Sie geht aus von einer geschichtlichen Analyse der Kultur des Volkes, das von einem gemeinsamen
Ethos geeint wird. Sie ist eine Theologie des Volkes und
der Kultur.

Dabei will sie das Volk nicht belehren, sondern auf die
Weisheit des Volkes hören. Daher kommt der Volksfrömmigkeit ein hoher Stellenwert zu. Natürlich übersieht
diese Theologie des Volkes nicht die bestehenden sozialen Gegensätze, aber sie ist nicht von der Idee des Klas-
senkampfes, sondern vom Gedanken der Harmonie, des
Friedens und der Versöhnung geleitet. Dieses Anliegen
leuchtet bei Papst Franziskus in seinen Stellungnahmen
zu Konfliktsituationen immer wieder auf, etwa bei der
eindrucksvollen Vigil für den Frieden im Nahen Osten
am 7. September 2013 auf dem Petersplatz, als er von der
Welt als Schöpfung Gottes spricht, als Haus der Harmonie und des Friedens, in dem jeder seinen Platz findet und
sich zu Hause fühlen kann.

Dieses Verständnis des Volkes entspricht dem Geist
der demokratischen Romantik, welche in Argentinien
am Ende des 19. Jahrhunderts Einzug hielt und die vor-
hergehende europäisch aufgeklärte Kulturpolitik ablöste.
Das geschah unter dem Einfluss der Philosophie des deutschen Denkers Karl Christian Friedrich Krause (1781–
1832), dessen Rezeption im romanischen Sprachraum die
Ideen der Romantik und des deutschen Idealismus nach
Spanien und Lateinamerika brachte. Man spricht dort von

Krausismo. In dem argentinischen Nationalepos *Martín Fierro* (1872) hat diese Richtung ihren Niederschlag gefunden. Papst Franziskus bezieht sich darauf ausdrücklich.[30] Das Epos beschreibt das Leben eines Gauchos, der nach einem langen Weg am Ende zur Weisheit einer Welt der Gerechtigkeit und des Gemeinsinns findet, einer Welt, welche auch dem Geringsten seine Würde und persönlichen Entfaltungsmöglichkeiten lässt.

Die populistische Bewegung des Peronismus, die seit den 40er-Jahren des 20. Jahrhunderts die argentinische Politik lange Zeit bestimmte, hat diese Ideen eines korporativen Volksverständnisses nicht erst hervorgebracht, sondern vorgefunden und aufgegriffen, sie dann aber nationalistisch und ideologisch überzogen. Papst Pius XII. hat Juan Perón (1895–1974) 1955 exkommuniziert. Die Kirchenstrafe wurde acht Jahre später wieder aufgehoben.

Man macht es sich also zu einfach, wenn man die argentinische Theologie des Volkes kurzschlüssig dem Peronismus zuordnet und dabei deren viel ältere Wurzeln übersieht.[31]

Der Hinweis auf den Einfluss aufgeklärten wie romantisch-idealistischen europäischen Gedankenguts zeigt, dass die argentinische Theologie bei aller Eigenständigkeit und Originalität wie die argentinische Kultur allgemein starke europäische Wurzeln hat. Heutige argentinische Theologen sind oft bestens mit der französischen Theologie (H. de Lubac, Y. Congar u. a.) und mit der neueren französischen Philosophie (P. Ricœur, E. Levinas,

J. L. Marion u. a.) vertraut. Viele von ihnen haben in Bonn, Innsbruck, München, Freiburg, Tübingen studiert.

Lucio Gera hat in Bonn mit einer Arbeit über ein klassisches scholastisches Thema, *Die Entwicklung der Transsubstantiationslehre von Thomas bis Duns Scotus,* promoviert und später eng mit Karl Rahner zusammengearbeitet. In Bonn ist er über Arnold Rademacher, der 1900 in Tübingen promoviert worden war, mit der Ekklesiologie der Tübinger Schule des 19. Jahrhunderts, besonders mit Johann Adam Möhler (1796–1831) und dessen Volksgeistlehre, vertraut geworden. Die Parallelen zwischen dieser auf Johann Gottfried Herder (1744–1803) zurückgehenden romantischen Volksgeistlehre der frühen Tübinger und der argentinischen Theologie des Volkes sind auffallend und wohl nicht zufällig.[32] Die aufgezeigten Zusammenhänge machen deutlich, wie die argentinische Form der Theologie der Befreiung in den internationalen Zusammenhang der katholischen Theologie und in den universalkirchlichen Zusammenhang allgemein einzuordnen ist.

Der entscheidende universalkirchliche Anstoß ging vom Zweiten Vatikanischen Konzil und seiner Theologie des Volkes Gottes (LG 9–17) sowie von den konziliaren Aussagen über das Verhältnis von Kirche und Kultur aus (GS 53–62). Es lässt sich zeigen, dass die wesentlichen Anliegen von Papst Franziskus keimhaft schon früh bei Papst Johannes XXIII. angelegt und dann in dessen Rede zur Eröffnung des Konzils deutlich ausgesprochen sind.[33] Ein weiterer Anstoß war das Apostolische Schreiben Papst

Pauls VI. *Evangelii nuntiandi* über die Evangelisierung in der Welt von heute (1975), in dem das Verhältnis von Evangelisierung und Kultur ebenfalls erörtert wird (EN 20). Im selben Jahr, in dem *Evangelii nuntiandi* veröffentlicht wurde, erschien das bei uns wenig beachtete Apostolische Schreiben *Gaudete in Domino* (Freut euch im Herrn). Damit war das Thema von Papst Franziskus' Schreiben *Evangelii gaudium* (Die Freude des Evangeliums) vorgezeichnet.

Paul VI. ist bei allen Unterschieden in Herkunft und Persönlichkeit für Franziskus der Papst, der ihm unter seinen Vorgängern am nächsten steht. Sein kommunikativer dialogischer Stil nimmt vieles aus der Enzyklika *Ecclesiam suam* (1964) auf. In seinen sozialethischen Positionen beruft er sich mehrfach auf die bedeutende Sozialenzyklika von Papst Paul VI. *Populorum progressio* (1967) (EG 180; 219) und auf dessen Apostolisches Schreiben *Octogesima adveniens* (1971) (EG 184; 190). Sicher war es bewusst gewollt, dass die Seligsprechung des Montini-Papstes den Abschluss der ersten Bischofssynode des neuen Pontifikats bildete. Es war wohl nicht ohne Grund, dass er in der Predigt von einem mutigen, demütigen und prophetischen, weitblickenden und weisen und manchmal einsamen Zeugen sprach, der auch durch sein Leiden der Kirche diente.[34] So wird im Pontifikat von Papst Franziskus in neuer und frischer Weise der Geist des Zweiten Vatikanischen Konzils wieder lebendig. Papst Franziskus ist der erste Papst, der selbst nicht mehr am Zweiten Vatikanischen Konzil teilgenommen hat; mit seinem Pontifikat sind wir in eine neue Phase der Nachkonzilszeit und der Konzilsrezeption eingetreten.

Alle oben genannten vielfältigen Strömungen hat Jorge Mario Bergoglio in sich aufgenommen. Er lässt sich jedoch in keine bestimmte Schulrichtung einordnen. Er ist ein Mann der Begegnung und der Praxis, der jeder einäugigen Ideologie abgeneigt ist. Für ihn gilt der Primat der Wirklichkeit vor der Idee (EG 231–233). Seine reiche Kenntnis des Lebens verdankt er nicht theologischen Büchern, sondern seiner großen pastoralen Erfahrung als Spiritual, Provinzial und Bischof inmitten der europäisch wie spezifisch argentinisch geprägten Kultur von Buenos Aires und ihren trostlosen Elendsquartieren. Dazu kommt für ihn die Welt des Films, klassischer wie moderner Musik und Literatur. Er nennt Manzoni, Dostojewski, Hopkins und andere.[35] All das sind Quellen, aus denen Papst Franziskus schöpft und die er in seiner persönlichen, spirituellen und pastoralen Erfahrung eigenständig verarbeitet hat.

Die Frage, vor die er gestellt ist, lautet: Wie kann man mit allen Spannungen einer solchen multikulturellen Welt, mit ihren Widersprüchen aber auch mit ihrem Reichtum, zurechtkommen und der Wirklichkeit gerecht werden? Grundlegend für die geistige Verarbeitung dieser vielfältigen oder wie er sagt: polyedrischen Wirklichkeit (EG 236), die nicht auf einen einzigen Nenner zu bringen ist, wurde für ihn die Beschäftigung mit Romano Guardini (1895–1968), vor allem während der Zeit seines mehrmonatigen Aufenthalts in Deutschland im Jahr 1986. In seiner Frühschrift *Der Gegensatz. Versuche zu einer Philosophie des Lebendig-Konkreten* (1925) spricht Romano Guardini von den alles Leben prägenden polaren Spannungen. Sie lassen sich nicht im Sinne Hegels in eine spekulative Synthese aufheben. Die Frage ist deshalb: Wie ist in dieser neuen pluralistischen multikulturellen Welt eine ganzheitliche, wahrhaft katholische Sicht, die weder eine alles vereinnahmende Ideologie noch eine zusammenhanglose Summe einzelner Wahrheiten und Gebote ist, möglich?

Wer die Antwort des Papstes auf diese Frage verstehen will, muss davon ausgehen, dass Jorge Bergoglio / Papst Franziskus ein zutiefst geistlicher Mensch ist, dem eine bestimmte Art von Mystik nicht fremd ist (EG 82). Der Papst ist davon überzeugt, dass wir die vielfältige und gegensätzliche Wirklichkeit letztlich nur im Licht des Evangeliums verstehen und bestehen können. Er weiß, dass ohne Zeiten des Gebets und der Anbetung in der Kirche und in der Welt geistlich nichts möglich ist (EG 262). Der Glaube ist, wie Papst Franziskus in einem wohl auf ihn selbst zurückgehenden Zusatz zur bereits vorbereiteten Enzyklika *Lumen fidei* sagt, ein Licht, das die Wirklichkeit als das sehen lässt, was sie ist. Der Glaube ist freilich »kein Licht, das all unsere Finsternis vertreibt, sondern eine Leuchte, die unsere Schritte in der Nacht leitet, und das genügt.«[36]

Erst mit dieser Aussage sind wir beim Grundanliegen von Papst Franziskus angekommen, das er in dem programmatischen Apostolischen Schreiben *Evangelii gaudium* dargelegt hat. In seiner kontextuellen Theologie will er die Situation der Kirche und der Christen in der gegenwärtigen Welt vom Evangelium her erhellen. Dabei ist der christliche Glaube keine alles erklären wollende Ideologie; er ist nicht einem Flutlicht zu vergleichen, das die ganze Bahn unseres Lebens ausleuchtet. Er ist vielmehr wie eine Laterne, die uns auf dem Weg des Lebens in dem Maße leuchtet, als wir selbst voranschreiten. Er ist eine immer wieder überraschende, nie ausschöpfbare Botschaft der Freude.

IV.
Das Evangelium: Ursprung, Grund und Quelle der Freude

Papst Franziskus geht den Dingen auf den Grund. Er setzt radikal an, das heißt: Er setzt bei der Wurzel (*radix*), beim Evangelium, an. Die vom Zweiten Vatikanischen Konzil empfohlene geistliche Lesung und Betrachtung der Heiligen Schrift (DV 21–26) ist für ihn, wie seine Predigten und Ansprachen zeigen, grundlegend (EG 174 f). Unter Evangelium versteht Franziskus aber nicht einfach ein Buch oder die vier Bücher, die wir als die vier Evangelien bezeichnen. Denn »Evangelium« meint ursprünglich nicht eine Schrift oder ein Buch, sondern eine Botschaft, näherhin das Überbringen einer guten und befreienden Nachricht, welche die Situation grundsätzlich verändert, den Hörer mit einer neuen Situation konfrontiert und zur Entscheidung ruft.

Im Alten Testament ist Evangelium die Botschaft von der bevorstehenden Befreiung des Volkes Israel aus der babylonischen Gefangenschaft, im Neuen Testament Jesu eigene Botschaft vom Kommen des Reiches Gottes und die Botschaft von Jesus, dem Christus, von seinem Tod und seiner Auferstehung und von dem in Kirche und Welt durch seinen Geist wirksam anwesenden erhöhten Herrn, von der Hoffnung auf seine endgültige Ankunft, vom Anbruch und Geschenk des neuen Lebens.[37] So geht es Franziskus um das in der Kirche lebendig verkündete, geglaubte, gefeierte und gelebte Evangelium Gottes. Es ist für ihn ein Evangelium der Freude im Sinn einer ganzheitlichen Lebenserfüllung, die allein Gott, der alles in allem ist, schenken kann (EG 4 f; 265).

Bereits die ersten Abschnitte von *Evangelii gaudium* zeigen, dass es bei der Freude des Evangeliums nicht zuerst um die Überwindung sozialer Ungerechtigkeit geht, sosehr dies, wie spätere Abschnitte zeigen, Franziskus am Herzen liegt. Der Ansatz reicht tiefer. Es geht um die Freud- und Schwunglosigkeit, die innere Leere und die Vereinsamung des in sich verschlossenen Menschen und seines in sich verkrümmten Herzens (EG 1 f). Das in sich verkrümmte Herz (*cor incurvatum*) ist bei Augustinus wie bei Martin Luther ein bekanntes Motiv, um die Situation des unerlösten Menschen zu beschreiben. Daran knüpft Franziskus mit seiner Rede von der Selbstbezogenheit an. Letztlich geht sein Ansatz bei der Freud- und Schwunglosigkeit zurück auf das, was seit den frühen Wüstenvätern bis hin zu Thomas von Aquin als Grundsünde und als Urversuchung des Menschen gilt: die *acedia*, die Trägheit des Herzens, die nach unten ziehende Schwerkraft, die

Schwerfälligkeit, der Überdruss an geistlichen Dingen, der zur Traurigkeit dieser Welt führt (2 Kor 7,10) (EG 1 f; 81).[38]

Diese Zeitanalyse ist kein zwar gut gemeintes, frommes, aber wenig überzeugendes Gedankenwerk. Mit ihr steht Papst Franziskus nicht allein. Ähnliche Analysen finden sich bei vielen bedeutenden und maßgebenden Denkern des letzten Jahrhunderts. Schon Søren Kierkegaard und dann etwas anders Romano Guardini haben von der Schwermut gesprochen, Martin Heidegger von der Angst als Grundbefindlichkeit, Jean Paul Sartre vom Überdruss des heutigen Menschen. Ironisch hat Friedrich Nietzsche den »letzten Menschen« beschrieben, der sich mit dem kleinen banalen Glück zufriedengibt, dem aber kein Stern mehr leuchtet. »»Was ist Liebe? Was ist Schöpfung? Was ist Sehnsucht? Was ist Stern?‹ – so fragt der letzte Mensch und blinzelt.«[39] Hellsichtig hat einer meiner Vorgänger auf dem Rottenburger Bischofsstuhl, Bischof Paul Wilhelm Keppler (1852–1926), in dem in vielen Auflagen und Übersetzungen verbreiteten Buch »Mehr Freude« anhand von vielen Zitaten und Beobachtungen die Freudlosigkeit des modernen Menschen herausgestellt.[40]

Evangelii gaudium packt das Problem der Kirche und der gegenwärtigen Welt an der Wurzel. Das Schreiben antwortet auf die Not der Zeit und auf die Krise in der Kirche mit dem Evangelium. Das Evangelium ist der ein für alle Mal gegebene Ursprung, die bleibende Grundlage wie die immer wieder sprudelnde Quelle aller christlichen Lehre und Disziplin der Sitten (DH 1501). Allein vom Evangelium her kann der Glaube und das christliche Leben seine Frische wiedergewinnen (EG 11). Die Freude des Evangeliums kann neu Freude am Leben, an der Schöpfung, am Glauben und an der Kirche wecken. Allein die Freude als Gabe des Heiligen Geistes (Röm 14,17; 15,13 u. a.), die Freude einer »Evangelisierung mit Geist« (EG 259–261) kann zu einem neuen Aufbruch führen. Da Gott das höchste Gut ist, alles in allem ist und schenkt, wird die Freude als ganzheitliche Erfüllung des Menschen nach Thomas aus der Gottesminne geboren.[41]

Mit diesem Ansatz bewegt sich Franziskus in einer großen Tradition. In der Kirchengeschichte stand das Evangelium im Hintergrund vieler Erneuerungsbewegungen, angefangen vom altkirchlichen Mönchtum bis zu den Reformbewegungen des Mittelalters. Am bekanntesten ist die evangelische Bewegung des heiligen Franz von Assisi und des heiligen Dominikus. Franziskus wollte zusammen mit seinen Brüdern einfach das Evangelium »*sine glossa*«, ohne Abstrich und ohne Zusatz leben (vgl. EG 271).[42] Aus dieser damaligen evangelischen Bewegung sind die beiden bedeutendsten Theologen des Mittelalters, Thomas von Aquin (1225–1274) und Bonaventura (1221–1274), hervorgegangen.

In der Summe der Theologie des Thomas von Aquin findet sich ein Artikel von überraschender Originalität über das neue Gesetz des Evangeliums, auf den sich Papst Franziskus in *Evangelii gaudium* ausdrücklich bezieht (EG 37; 43). Darin legt Thomas dar, das Evangelium sei kein geschriebenes Gesetz, kein Kodex von Lehren und Geboten, sondern die innere Gabe des Heiligen Geistes, der uns durch den Glauben gegeben und der in der Liebe wirksam wird. Dokumente und Vorschriften gehören nur sekundär dazu; sie sollen uns auf das Geschenk der Gnade ausrichten oder sie zur Auswirkung bringen; sie haben aber keine eigenständige gnadenvermittelnde und das heißt keine rechtfertigende Bedeutung.[43]

Mit dieser Theologie des Evangeliums stehen Thomas von Aquin und Martin Luther in der Sache viel näher beieinander, als es auf den ersten Blick den Anschein hat. Auch für Martin Luther ist das Christentum keine Buchreligion, wie es durch die Berufung auf »die Schrift allein« in der späteren Geschichte des Protestantismus oft verstanden wurde. Das Evangelium ist lebendiges Wort der Verkündigung.[44] Durch Fehler auf allen Seiten und durch geschichtliche Verstrickungen ist es darüber im 16. Jahrhundert unglücklicherweise zur Spaltung der Christenheit gekommen.

Das Konzil von Trient (1545–1563), das sich mit der reformatorischen Lehre auseinandersetzte, war für das (im ursprünglichen Sinn verstandene) evangelische Anliegen nicht blind. Gleich im ersten dogmatischen Dekret verkündete es, die Reinheit des Evangeliums bewahren und wiederherstellen zu wollen, und verstand darunter das in der Kirche gepredigte, geglaubte und gelebte Evangelium als lebendige Quelle aller Heilswahrheit und Sittenlehre.[45] Auf dieser Grundlage hat Trient eine Erneuerung der Kirche eingeleitet und in einem seiner ersten Reformdekrete die Predigt als hauptsächliche Aufgabe des Bischofs bezeichnet.[46] Der heilige Karl Borromäus, der als Modell des nachtridentinischen Reformbischofs gilt, ist darin für Angelo Roncalli, den späteren Johannes XXIII., zum Vorbild wohl auch seiner Konzilsidee geworden.[47]

Während des Zweiten Vatikanischen Konzils wurde bei jeder Sitzung das Evangelienbuch feierlich vor den versammelten Konzilsvätern inthronisiert; das Evangelium sollte den Vorsitz haben. Das Konzil hat dann das verkündete und gelebte Wort Gottes erneut ins Zentrum des Lebens der Kirche gerückt (DV 7; 21–26; LG 23–25). Paul VI. hat die Evangelisierung in *Evangelii nuntiandi* (1975) als die wesentliche Sendung der Kirche, ja als ihre tiefste Identität bezeichnet (EN 14) und von der Notwendigkeit der Selbstevangelisierung der Kirche gesprochen (EN 15). Johannes Paul II. hat in zahlreichen Ansprachen, zusammenfassend in der Missionsenzyklika *Redemptoris missio* (1990), das Programm einer Neuevangelisierung entfaltet. In dem Apostolischen Schreiben *Porta fidei* (2011) und mit der Bischofssynode 2012 hat Benedikt XVI. das Anliegen aufgegriffen. Die Frucht der Synode ist an vielen Stellen in das Apostolische Schreiben *Evangelii gaudium* eingegangen (EG 1; 14 f; 262–283). So ist Evangelisierung zu *dem* pastoralen Programm der Kirche auch und gerade unter Papst Franziskus geworden.[48]

Papst Franziskus steht in einer bis in die Anfänge zurückreichenden Tradition, besonders in der Tradition seiner unmittelbaren Vorgänger. Gleichzeitig steht er mitten in unserer Zeit. Denn in den Aporien der Gegenwart droht die Moderne sich im Westen postmodern totzulaufen, während sich im Süden der Erdkugel die wirtschaftlichen Folgen für Millionen Menschen tödlich auswirken. In dieser Situation suchen viele nach einer Alternative, und sie finden sie zunehmend in den evangelikalen Bewegungen. Diesen evangelikalen Trend haben Beobachter auch in der katholischen Kirche des 21. Jahrhunderts ausgemacht.[49]

Papst Franziskus hat diesen Herzschlag der gegenwärtigen Kirche verstanden. Er vertritt keine liberale, sondern eine im ursprünglichen Sinn des Wortes verstandene radikale, das heißt auf die Wurzel (*radix*) zurückgehende Position. Der Rückgriff auf den Ursprung ist jedoch kein Rückzug ins Gestern und Vorgestern, sondern Kraft zu einem mutigen Aufbruch ins Morgen. Mit seinem evangelischen Programm greift er die ursprüngliche Botschaft der Kirche ebenso wie das Grundbedürfnis der Gegenwart auf und setzt zu einer grundlegenden Erneuerung an. Damit passt er weder in ein traditionalistisches noch in ein progressives Schema. Mit dem Brückenschlag zum Ursprung ist er Brückenbauer in die Zukunft.

Das Evangelium ist eine gute, aber auch eine herausfordernde Botschaft. Es ist ein Ruf zur Umkehr und zur Neuorientierung. Damit weckt es notwendigerweise Widerstände. So hat auch die Rede des Papstes vom Evangelium viele unruhig gemacht. Papst Franziskus spricht viel vom Evangelium, aber auffallend wenig von der Lehre der Kirche. So fragen manche: Wie hält er es mit der Lehre der Kirche? Will er gar Evangelium und Lehre in einen Gegensatz bringen, wie es die liberale Theologie getan hat?[50]

Natürlich will sich Papst Franziskus dieses liberale Verständnis nicht zu eigen machen. Im Gegenteil, das Evangelium ist, wie schon das Konzil von Trient sagte, die Quelle, aus der die Lehren entsprungen sind.[51] Das ist für Franziskus nicht nur eine historische Feststellung. Aus der historischen Feststellung folgt vielmehr, dass man die Lehre im Licht des Evangeliums zu interpretieren hat. Papst Franziskus zieht diese Folgerung. Er ruft die Lehre des Zweiten Vatikanischen Konzils von der Hierarchie der Wahrheiten neu ins Bewusstsein. Sie fordert, die vielen und vielfältigen Wahrheiten von ihrem christologischen Grund und ihrer christologischen Mitte her zu interpretieren (UR 11; EG 36).[52]

Diese Lehre ist nicht neu. Schon Thomas von Aquin hatte deutlich gemacht, dass der Glaube nicht eine äußere Summe eines Vielerlei von Wahrheiten, sondern jede Aussage Glied eines artikulierten Ganzen ist (*articulus fidei*).[53] Er wusste, dass Grundartikel des Glaubens das Ganze des Evangeliums implizieren.[54] So hat das Erste Vatikanische Konzil gefordert, den Glauben aus dem inneren Zusammenhang der Mysterien und im Blick auf das letzte Ziel des Menschen zu verstehen (DH 3016). Eine solche Hierarchie gibt es nicht nur unter den Wahrheiten, sondern auch unter den Tugenden.[55] Die katholische Morallehre ist kein Katalog von Sünden und Fehlern. Alle Tugenden stehen im Dienst der Antwort der Liebe (EG 39). Jesus selbst fasst in dem Hauptgebot der Gottes- und Nächstenliebe Gesetz und Propheten zusammen (Mt 22,34–40; vgl. 5,43; Röm 13,8–10; Gal 5,14).

Papst Franziskus bezeichnet als den grundlegenden Kern »die Schönheit der heilbringenden Liebe Gottes, die sich im gestorbenen und auferstandenen Jesus Christus geoffenbart hat« (EG 36). Aus dieser Einsicht zieht er praktische Folgerungen für die Verkündigung: Man dürfe in der Verkündigung die Lehre nicht auf zweitrangige Aspekte reduzieren, sondern müsse sie aus dem Zusammenhang, aus der Mitte der Botschaft Jesu Christi heraus verstehen (EG 34–39; 246). Nur wenn man die Wahrheiten des Glaubens in ihrem inneren Zusammenhang sieht, kann man sie in ihrer ursprünglichen Schönheit und in ihrer ganzen Anziehungskraft neu zum Leuchten bringen. Nur so kann sich der Duft des Evangeliums neu verbreiten (EG 34; 39).

Dieses kerygmatische Programm kommt nah an Luthers Grundsatz »was Christum treibet«[56] heran und ist doch von ihm auch wieder sehr verschieden. Denn für das Konzil und für Papst Franziskus handelt es sich nicht um ein *exklusives* Prinzip, mit dem man sogenannte sekundäre oder sperrige Wahrheiten ausscheiden oder als weniger verbindlich abtun kann. Papst Franziskus geht es um ein *inklusives* hermeneutisches Prinzip und dabei vor allem um ein pastorales Anliegen der Verkündigung, mit dessen Hilfe er das ganze und vollständige Evangelium neu in seiner inneren Schönheit verstehen und zum Leuchten bringen will (EG 237).[57]

Papst Franziskus will nicht den Glauben und die Moral revolutionieren, er will den Glauben und die Moral vom Evangelium her interpretieren. Er tut das, dem Verkündigungscharakter des Evangeliums entsprechend, nicht in einer abstrakten lehrhaften Sprache, sondern in einer einfachen, aber nicht vereinfachenden kommunikativen und dialogischen, die Menschen ansprechenden und mitnehmenden Sprache. Damit gibt er nichts auf von der Lehre; er kann auf diese Weise vielmehr zeigen, dass der Glaube eine stets frische und erfrischende Quelle (EG 11) und eine Wahrheit ist, die nie aus der Mode kommt (EG 265). Sein Antrieb ist, die Gläubigen von der Schönheit des Glaubens zu überzeugen und sie zu einem freudigen Leben aus dem Glauben zu ermutigen.

V.

Barmherzigkeit –
Schlüsselwort des Pontifikats

Im Zentrum des Evangeliums steht für Papst Franziskus die Botschaft von der Barmherzigkeit. Schon als Bischof lautete sein Wappenspruch im Anschluss an Beda Venerabilis (7./8. Jahrhundert): *Miserando atque eligendo* (»indem er mit den Augen seiner Barmherzigkeit auf mich geschaut hat, hat er mich erwählt«). Das Thema der Barmherzigkeit ist nun zum Schlüsselwort seines Pontifikats geworden, das er vom ersten Tag an in zahllosen Ansprachen aufgreift. Immer wieder sagt er: Gottes Barmherzigkeit ist unendlich; Gott wird nie müde, für jeden barmherzig zu sein, wenn nur wir nicht müde werden, um seine Barmherzigkeit zu bitten; Gott gibt keinen Menschen auf und lässt keinen fallen (EG 3). Ein bisschen Barmherzigkeit unter den Menschen kann die Welt verändern.[58] Mit diesem Leitmotiv hat er innerhalb wie außerhalb der Kirche unzählige Menschen ins Herz getroffen. Denn wer von uns wäre nicht auf einen barmherzigen Gott und auf barmherzige Mitmenschen angewiesen?

Barmherzigkeit ist ein zentrales biblisches Thema.[59] Schon im Alten Testament ist Gott nicht nur der strafende und rächende Gott. Bei der Offenbarung an Mose heißt es: »JHWH ist ein barmherziger und gnädiger Gott« (Ex 34,6). Die Propheten und die Psalmen wiederholen diese Aussage immer wieder: »Der Herr ist barmherzig und gnädig, langmütig und reich an Gnade« (Ps 103,8; 111,4). Geradezu dramatisch bringt der Prophet Hosea die Souveränität Gottes in seiner Barmherzigkeit, die dem Volk vergibt und trotz dessen Untreue einen Neuanfang eröffnet, zum Ausdruck: »Mein Mitleid lodert auf ... Denn Gott bin ich und nicht ein Mensch« (Hos 11,8 f.).

Vollends grundlegend ist die Barmherzigkeit Gottes in der Botschaft Jesu. Denken wir nur an das Gleichnis vom verlorenen Sohn, das man besser als Gleichnis vom barmherzigen Vater bezeichnen sollte (Lk 15,11–32), an das Gleichnis vom barmherzigen Samariter (Lk 10,25–37) oder an die Aussage im Epheserbrief: »Gott, der voll Erbarmen ist« (Eph 2,4). Denken wir weiter an die Seligpreisungen der Bergpredigt: »Selig sind die Barmherzigkeit tun« (Mt 5,7), an die Aussage »Barmherzigkeit will ich, nicht Opfer« (Hos 6,6; Mt 9,13; 12,7) oder an die Gerichtsrede Jesu, nach der beim letzten Gericht allein die Werke der Barmherzigkeit zählen (Mt 25,31–45).

Umso überraschender ist es, dass die Schultheologie dieses Thema vernachlässigt und es zu einem bloßen

Unterthema der Gerechtigkeit gemacht hat. Die Schultheologie hat sich damit in große Schwierigkeiten verstrickt. Denn wenn man die Gerechtigkeit zum höheren Maßstab macht, stellt sich die Frage: Wie kann ein gerechter Gott, der das Böse bestrafen und das Gute belohnen muss, barmherzig sein und verzeihen? Ist das nicht ungerecht gegenüber denen, die sich redlich um ein gutes Leben bemüht haben?

Thomas von Aquin war im Anschluss an Anselm von Canterbury genial genug zu sehen, dass Gott nicht an unsere Regeln der Gerechtigkeit gebunden ist. Gott ist souverän; er ist gerecht gegenüber sich selbst, der er Liebe ist (1 Joh 4,8.16). Weil Gott Liebe und darin sich selbst treu ist, ist er auch barmherzig. Die Barmherzigkeit ist die nach außen gewandte Seite des Wesens Gottes.[60] Sie ist Treue Gottes zu sich selbst und Ausdruck seiner absoluten Souveränität in der Liebe.[61]

Man könnte auch sagen: Die Barmherzigkeit ist als die Treue Gottes zu sich selbst zugleich Gottes Treue zu seinem Bund und seine unverbrüchliche Geduld mit den Menschen. Gott lässt in seiner Barmherzigkeit keinen im Stich; sie gibt jedem eine neue Chance und schenkt ihm einen neuen Anfang, wenn er umkehrwillig ist und darum bittet. Die Barmherzigkeit ist die Gott eigene Gerechtigkeit, die den umkehrwilligen Sünder nicht verurteilt, sondern gerecht macht. Doch wohlgemerkt, die Barmherzigkeit rechtfertigt den Sünder, nicht die Sünde. Das Gebot der Barmherzigkeit will, dass auch die Kirche den

Gläubigen das Leben nicht schwer und die Religion nicht zur Sklaverei macht. Sie will – so Thomas von Aquin im Anschluss an Augustinus –, dass wir frei von knechtenden Lasten seien (EG 43).[62] Sie ist der Grund für die Freude, die das Evangelium schenkt (EG 2–8).

Mit dieser Botschaft steht Papst Franziskus in der Tradition vieler großer Heiliger (etwa der heiligen Katharina von Siena, der heiligen Thérèse von Lisieux und anderer). Schon für Johannes XXIII. war die Barmherzigkeit die schönste aller Eigenschaften Gottes.[63] In seiner berühmten Rede zur Eröffnung des Zweiten Vatikanischen Konzils am 11. Oktober 1962 mahnte er, die Kirche müsse in der gegenwärtigen Zeit nicht mehr die Waffen der Strenge, sondern die Arznei der Barmherzigkeit anwenden. Damit hat bereits Johannes XXIII. den Grundton für die konziliare und nachkonziliare pastorale Neuorientierung angeschlagen.

Johannes Paul II. ist die Botschaft von der Barmherzigkeit angesichts seiner Erfahrung der Schrecken des Zweiten Weltkriegs und der Schoa, der Nazizeit und der kommunistischen Zeit in Polen aufgegangen. So hat er diesem Thema seine zweite Enzyklika *Dives in misericordia* (1980) gewidmet. Später hat er die Anregungen der Schwester Faustyna Kowalska aufgegriffen und den ersten Sonntag nach Ostern zum Barmherzigkeitssonntag gemacht. Im Jubiläumsjahr 2000 hat er Schwester Faustyna programmatisch als Erste im neuen Jahrtausend zur Ehre der Altäre erhoben.[64] Benedikt XVI. hat das Thema in seiner ersten Enzyklika *Deus caritas est* (2005) weitergeführt und theologisch vertieft.

Wieder verbindet Papst Franziskus Neuheit mit Kontinuität und Kontinuität mit Neuheit, wenn es um die konkrete pastorale Anwendung geht. Den argentinischen Jugendlichen sagte er es am 25. Juli 2013 in Rio de Janeiro ganz direkt: »Schau, lies die Seligpreisungen, die werden dir guttun. Wenn du dann wissen willst, was du konkret tun musst, lies Matthäus, Kapitel 25. Das ist das Muster, nach dem wir gerichtet werden. Mit diesen beiden Dingen habt ihr den Aktionsplan: die Seligpreisungen und Matthäus 25. Ihr braucht nichts anderes mehr zu lesen. Darum bitte ich euch von ganzem Herzen.«

Trotz dieser eindeutigen Fundierung in Schrift und Tradition ist die Rede des Papstes von der Barmherzigkeit manchen verdächtig. Sie verwechseln Barmherzigkeit mit oberflächlichem Laissez-faire einer Pseudobarmherzigkeit und wittern, wenn sie von Barmherzigkeit hören, die Gefahr, dass damit schwächlicher pastoraler Nachgiebigkeit und einem Christentum *light*, einem Christsein zu herabgesetzten Preisen, das Wort geredet wird.[65] So sehen sie in der Barmherzigkeit eine Art Weichspüler, der die Dogmen und die Gebote aushöhlt und die zentrale und fundamentale Bedeutung der Wahrheit außer Kraft setzt.

Das ist ein Vorwurf, den im Neuen Testament die Pharisäer Jesus machten. Jesu Barmherzigkeit brachte sie zur Weißglut, so dass sie beschlossen, ihn zu töten (Mt 12,1–8.9–14). Das ist zudem ein grobes Missverständnis des tiefen biblischen Sinns der Barmherzigkeit. Denn die Barmherzigkeit ist selbst eine grundlegende Offenbarungswahrheit und ein forderndes und herausforderndes Gebot Jesu. Sie steht in einem inneren Zusammenhang mit allen anderen Offenbarungswahrheiten und Geboten. Wie soll sie darum, recht verstanden, die Wahrheit und die Gebote infrage stellen? Sie hebt auch die Gerechtigkeit nicht auf, sondern überbietet sie. Sie ist die größere Gerechtigkeit, ohne die niemand ins Himmelreich eingehen kann (Mt 5,20). Die Barmherzigkeit gegen die Wahrheit oder gegen die Gebote auszuspielen und sie in Gegensatz zueinander zu bringen ist darum theologisch unsinnig. Richtig dagegen ist es, die Barmherzigkeit, welche die grundlegende Eigenschaft Gottes und die größte aller Tugenden ist (EG 37), im Sinn der Hierarchie der Wahrheiten als hermeneutisches Prinzip zu begreifen, nicht um die Lehre und die Gebote zu ersetzen oder auszuhöhlen, sondern um sie in rechter Weise evangeliumsgemäß zu verstehen und zu verwirklichen.

Man kann diese Herausstellung der Barmherzigkeit als grundlegendes hermeneutisches Prinzip auch als einen Paradigmenwechsel bezeichnen: von einer deduktiven Methode zu einer Methode im Sinn des sehen – urteilen – handeln, die zunächst induktiv ansetzt und erst im zweiten Schritt theologische Kriterien einführt. Ein solcher Paradigmenwechsel kann Irritationen und Missverständnisse wie die eben genannten auslösen, so als gelte bisher Gesagtes nicht mehr. Doch richtig verstanden ver-

Fünftes Kapitel

ändert der Paradigmenwechsel nicht die bisher gültigen Inhalte, wohl aber die Perspektive und den Horizont, in dem sie gesehen und verstanden werden. Auf die neue Perspektive hat bereits Papst Paul VI. hingewiesen, als er in seiner Rede bei der letzten Sitzung des Zweiten Vatikanischen Konzils am 7. Dezember 1965 das Beispiel des barmherzigen Samariters als das Modell der Spiritualität des Konzils bezeichnet hat. Mit dieser Parabel will Jesus Antwort geben auf die Frage: Wer ist mein Nächster? Seine Antwort ist nicht deduktiver, sondern induktiver Art, indem er von der konkreten menschlichen Situation ausgeht. Dein Nächster ist derjenige, dem du begegnest, der in einer konkreten Situation deiner Hilfe und deiner Barmherzigkeit bedarf, zu dem du dich herabbeugen und dessen Wunden du verbinden musst. Er ist für dich die Auslegung des konkreten Willens Gottes (Lk 10,25–37).

Die Herausforderung dieses neuen Paradigmas reicht weit und geht tief. Denn wenn die Barmherzigkeit die grundlegendste aller Eigenschaften Gottes ist, dann wird durch sie die grundlegendste aller theologischen Fragen, die Gottesfrage, neu gestellt. Darauf können wir hier in diesem Zusammenhang nicht eingehen.[66] Hier geht es um die konkreten Folgerungen, auf welche es Papst Franziskus ankommt. Wenn Jesus sagt: »Seid barmherzig wie euer Vater im Himmel barmherzig ist« (Lk 6,36), dann hat das weitreichende Folgen für die christliche Lebensgestaltung durch Werke der leiblichen und der geistlichen Barmherzigkeit.[67] Die Rede von der Barmherzigkeit Gottes ist darum keine schöne, aber harmlose Floskel. Sie wiegt uns nicht in einer trügerischen Ruhe und Sicherheit; sie macht uns Beine. Sie will, dass wir unsere Hände und vor allem unsere Herzen öffnen. Denn *misericordia* bedeutet, ein Herz haben für die Armen, die Armen im weitesten und umfassendsten Sinn. Auf die Konsequenzen für die christliche Ethik, besonders die Sozialethik, werden wir in den beiden letzten Kapiteln ausführlich zurückkommen.

Zunächst geht es um die Folgen der Rede von der Barmherzigkeit für das Verständnis und die Praxis der Kirche. Denn wenn wir barmherzig sein sollen, wie unser Vater im Himmel barmherzig ist, dann gilt das nicht nur für den einzelnen Gläubigen, sondern auch für die Kirche. Sie ist und soll sein das Sakrament, das heißt Zeichen und Werkzeug, der Barmherzigkeit Gottes. Diesem Thema müssen wir uns nun zuwenden.

VI.

Volk-Gottes-Ekklesiologie konkret

Die Bibel und die Tradition kennen vielfältige Bilder, um das Wesen der Kirche zu beschreiben.[68] Im Mittelpunkt des Kirchenverständnisses von Papst Franziskus steht, wie es dem Ansatz der argentinischen Theologie des Volkes entspricht, das Bild der Kirche als Volk Gottes (EG 111–134). Es ist fest in der biblischen, patristischen und liturgischen Tradition verankert.[69] Das Zweite Vatikanische Konzil hat dieses Verständnis wieder erneuert und die Kirche als das messianische Volk Gottes vorgestellt (LG 9–12).[70] Doch in der europäischen Theologie wurden schon bald Vorbehalte laut. Man argwöhnte eine einseitig soziologische, politische, basisbezogene Ekklesiologie.[71] Anders in Argentinien. Dort wurde der Impuls des Konzils bereitwillig aufgegriffen und zur argentinischen Form der Befreiungstheologie, der Theologie des Volkes, weiterentwickelt. Papst Franziskus erfüllt diese Volk-Gottes-Ekklesiologie mit konkretem Leben.[72]

Das ist keine neue, wohl aber eine erneuerte Sicht der Kirche, die zu einem neuen Stil kirchlichen Lebens führen soll. Papst Franziskus spricht in *Evangelii gaudium* von »Pastoral in Konversion«, das heißt Bekehrung (span. *conversión*; ital. *conversione*), was nur die deutsche Übersetzung im Unterschied zu allen anderen Übersetzungen, die ich einsehen konnte, recht blass mit »Neuausrichtung« wiedergibt (EG 25). Wir sollten das starke Wort des Papstes nicht abschwächen, sondern stehen lassen und ernst nehmen. In seiner Rede an die Bischöfe Brasiliens in Rio de Janeiro sagte er sehr klar, was mit dieser pastoralen Bekehrung gemeint ist: »In Bezug auf die Umkehr in der Pastoral möchte ich daran erinnern, dass ›Pastoral‹ nichts anderes ist als die Ausübung der Mutterschaft der Kirche. Sie gebiert, stillt, lässt wachsen, korrigiert, ernährt, führt bei der Hand ... Es braucht also eine Kirche, die fähig ist, den Mutterschoß der Barmherzigkeit wiederzuentdecken. Ohne Barmherzigkeit ist es heute kaum möglich, in eine Welt von ›Verletzten‹ einzudringen, die Verständnis, Vergebung und Liebe brauchen.«

Vor dem Hintergrund der Theologie des Volkes kann man den Stil von Papst Franziskus richtig verstehen. Dieser Stil ist nicht gutmütige Volkstümlichkeit oder gar billiger Populismus. Hinter dem volksnahen pastoralen Stil des Papstes steht eine ganze Theologie, ja seine Mystik des Volkes. Die Kirche ist ihm weit mehr als eine organische und hierarchische Institution; sie ist vor allem Volk Gottes auf dem Weg zu Gott, pilgerndes und evangelisierendes

Volk, das immer jeden, wenn auch notwendigen, institutionellen Ausdruck übersteigt.

Letztlich ist die Kirche im Geheimnis der Heiligsten Dreifaltigkeit verwurzelt. Das Heil ist ein Werk von Gottes Barmherzigkeit. Aus reiner Gnade zieht Gott uns durch seinen Geist an sich und führt uns zu seinem Volk zusammen. So steht die Kirche unter dem Primat der Gnade; der Herr kommt uns immer mit seiner Liebe und seiner Initiative zuvor (EG 24). Durch seinen Geist zieht er uns zu sich, nicht als isolierte Einzelne, sondern als sein Volk. So muss die Kirche Ort der ungeschuldeten Barmherzigkeit sein, wo sich alle aufgenommen und geliebt fühlen können, wo sie Verzeihung erfahren und sich ermutigt fühlen können, gemäß dem guten Leben des Evangeliums zu leben (EG 111–114).

Aufgrund seiner Theologie des Volkes Gottes ist Papst Franziskus allem Klerikalismus abhold. »Die Laien sind schlicht die riesige Mehrheit des Gottesvolkes. In ihrem Dienst steht eine Minderheit: die geweihten Amtsträger« (EG 102). Die Hirten sollen sich nicht als feine hohe Herren fühlen, sondern den Geruch der Schafe haben (EG 24). Der Papst will die Partizipation des ganzen Volkes Gottes am Leben der Kirche: Frauen wie Männer, Laien wie Kleriker, Junge und Alte. Alle sind aufgrund von Taufe und Firmung missionarische Jünger; sie sollen in die Entscheidungen einbezogen werden. Die Laiendienste dürfen sich freilich nicht auf innerkirchliche Aufgaben beschränken; sie sollen sich im Eindringen christlicher Werte in der sozialen, politischen und wirtschaftlichen Welt und im Einsatz für die Anwendung des Evangeliums zur Verwandlung der Gesellschaft auswirken. Die Bildung der Laien und die Evangelisierung des beruflichen und intellektuellen Lebens stellen darum eine bedeutende pastorale Herausforderung dar (EG 102; 119–134).

Das Thema der Frauen ist dem Papst besonders wichtig; er widmet ihm in *Evangelii gaudium* zwei Abschnitte (EG 103 f). Bereits Johannes XXIII. hat die Teilnahme der Frauen am öffentlichen Leben und das Bewusstwerden ihrer Menschenwürde zu den Zeichen der Zeit gerechnet.[73] Papst Franziskus anerkennt, dass Frauen einen unentbehrlichen Beitrag in der Gesellschaft leisten, und er sieht mit Freude, wie in der Kirche viele Frauen pastorale Verantwortung gemeinsam mit den Priestern ausüben. »Doch müssen die Räume für eine wirksamere weibliche Gegenwart in der Kirche noch erweitert werden. Denn ›das weibliche Talent ist unentbehrlich in allen Ausdrucksformen des Gesellschaftslebens‹ ...« (EG 103).[74] Gleichwohl steht das den Männern vorbehaltene Priestertum als Zeichen Christi, des Bräutigams, der sich in der Eucharistie hingibt, nicht zur Diskussion. Doch wenn es um Vollmacht geht, bewegen wir uns auf der Ebene der Funktion und nicht der Würde oder der Überlegenheit.[75] »Tatsächlich ist eine Frau, Maria, bedeutender als die Bischöfe.«

Das ist für Papst Franziskus kein defensives Argument, er sieht darin vielmehr »eine große Herausforderung für die Hirten und für die Theologen«; es geht darum, besser zu erkennen, was »das dort, wo in den verschiedenen Bereichen der Kirche wichtige Entscheidungen getroffen werden, in Bezug auf die mögliche Rolle der Frau mit sich bringt« (EG 104). Tatsächlich gibt es auch in der Kirche, die Römische Kurie eingeschlossen, viele einflussreiche Stellungen, die keine Weihe erfordern, deren Ausübung für Frauen möglich ist, wo Frauen ihre spezifischen Talente zum Wohl der Kirche einbringen und eine oft allzu einseitig klerikale Atmosphäre allein durch ihr Dasein und ihre Mitwirkung aufbrechen könnten.

Wichtig sind dem Papst – fast möchte man sagen: selbstverständlich – die Jugendlichen. Bei der Begrüßung der Jugendlichen auf dem Weltjugendtag in Rio de Janeiro am 25. Juli 2013 sagte er: »Ich bin gekommen, um selber durch die Begeisterung eures Glaubens bestärkt zu werden. Wie ihr wisst, gibt es im Leben eines Bischofs viele Probleme, die Lösungen erfordern. Und mit diesen Problemen und Schwierigkeiten kann der Glaube eines Bischofs traurig werden. Wie schlimm ist ein trauriger Bischof! Wie schlimm! Damit mein Glaube nicht traurig ist, bin ich hierhergekommen, um von euer aller Begeisterung angesteckt zu werden!« Papst Franziskus weiß – wieder möchte man sagen: selbstverständlich – um die Schwierigkeiten von Jugendlichen heute und der Jugendseelsorge (EG 105 f). Aber er weiß auch: »Die Jugendlichen rufen uns auf, die Hoffnung wieder zu erwecken und sie zu steigern, denn sie tragen die neuen Tendenzen in sich und öffnen uns für die Zukunft, so dass wir nicht in der Nostalgie von Strukturen und Gewohnheiten verhaftet bleiben, die in dieser Welt keine Überbringer von Leben mehr sind« (EG 108).

Der Papst nennt die theologische Begründung der Bedeutung des Zeugnisses der Laien in der Kirche. Er verweist auf die Lehre vom *sensus fidei*, der geistlichen Feinfühligkeit für das, was Sache des Glaubens und des Lebens aus dem Glauben ist. Die Lehre vom *sensus fidei*, der jedem Christen durch den Heiligen Geist in der Taufe zuteilwird, ist in der biblischen und theologischen Tradition bestens begründet, aber oft vernachlässigt worden. John Henry Newman hat sie in seinem berühmten Essay *Über das Zeugnis der Laien in Fragen des Glaubens*[76] neu zur Geltung gebracht, und das letzte Konzil hat sie wieder erneuert. Sie besagt: Das Volk Gottes in seiner Gesamtheit ist im Glauben unfehlbar (LG 12; EG 119; 139; 198).[77]

Leider ist diese Lehre nach dem Konzil wieder vernachlässigt worden. Man fürchtete, sie würde von innerkirchlichen Dissensgruppen missbraucht. Papst Franziskus hat diese Ängste nicht. Er holt die Lehre vom *sensus fidei* wieder hervor und zieht daraus auch gleich die nötige Folgerung, indem er sagt, die Kirche müsse ihr Ohr am Volk haben (EG 154). Er weiß um den Spürsinn der Laien, neue Wege der Evangelisierung zu finden, und spricht sich darum für Mitspracheregelungen und für pastoralen Dialog aus (EG 31).

Papst Franziskus will ein hörendes Magisterium. Er

macht damit bereits in *Evangelii gaudium* ernst. Er zitiert in diesem Apostolischen Schreiben nicht nur Aussagen des römischen Lehramts, sondern sehr oft Dokumente von Bischofskonferenzen aus aller Welt. Vor allem ist ihm die Volksfrömmigkeit wichtig; sie ist eine Frucht des Heiligen Geistes, ein Fundort der Theologie (*locus theologicus*) und sozusagen die Muttersprache des Glaubens (EG 69 f; 90; 122–126). Das Dokument von Aparecida spricht von einer »Volksmystik« (zit. EG 124; 237).

Das alles heißt nicht, dass die Kirche die Wahrheit und ihre Lebenskraft aus sich selbst schöpft. Im Gegenteil, als das wandernde Volk Gottes lebt die Kirche nicht aus sich selbst, sondern aus dem Hören auf das Wort Gottes und aus den Sakramenten, besonders aus der Eucharistie. Dem Leben aus dem verkündeten Wort Gottes widmet der Papst in *Evangelii gaudium* das ganze ausführliche dritte Kapitel. »Die gesamte Evangelisierung beruht auf dem Wort, das vernommen, betrachtet, gelebt, gefeiert und bezeugt wird … Die Kirche evangelisiert nicht, wenn sie sich nicht ständig evangelisieren lässt. Es ist unerlässlich, dass das Wort Gottes immer mehr zum Mittelpunkt allen kirchlichen Handelns werde. Das vernommene und – vor allem in der Eucharistie – gefeierte Wort Gottes nährt und kräftigt die Christen innerlich und befähigt sie zu einem echten Zeugnis des Evangeliums im Alltag … Das lebendige und wirksam verkündete Wort bereitet auf den Empfang des Sakramentes vor, und im Sakrament erreicht dieses Wort seine größte Wirksamkeit« (EG 174).

Auch in Bezug auf die Sakramente ist die Kirche eine barmherzige Mutter mit einem offenen Herzen für alle. Die Sakramente sind Heilmittel und Nahrung für die Schwachen; sie sind nicht nur für die Vollkommenen (EG 47). Die Kirche soll ein offenes Haus mit offenen Türen sein (EG 46–49). Es scheint, dass Franziskus das dem Märtyrerbischof Cyprian in seiner Auseinandersetzung mit Novatian teure Bild der Kirche als barmherzige Mutter dem Bild des Novatian von der Kirche als reiner und heiliger Jungfrau vorzieht. Cyprian hat sich gegen den Rigorismus des Novatian für Nachsicht und Barmherzigkeit mit den in der Verfolgung schwach gewordenen Christen (*lapsi*) eingesetzt. Heute sagt Papst Franziskus, ihm sei eine verbeulte Kirche, die verletzt und beschmutzt ist, weil sie auf die Straße hinausgegangen ist, lieber als eine verschlossene Kirche, die sich in ihren Strukturen einschließt, während draußen eine hungrige Menschenmenge wartet (EG 49).[78]

Mit diesen und vielen anderen Aussagen bei den täglichen Homilien des Papstes in Santa Marta schien es vielen, dass der Papst die Grundlagen gelegt hat, um Christen in irregulären Situationen, etwa wiederverheiratete Geschiedene, nach Prüfung ihrer jeweiligen Situation zu den Sakramenten der Buße und der Eucharistie zuzulassen. Der Papst hat darauf geantwortet, er habe bei der generellen Aussage in *Evangelii gaudium* nicht an solche konkrete Situationen gedacht. Er will bis zur Entscheidung der pastoral drängenden, aber noch kontrovers diskutier-

ten Frage in Ausübung seines Amtes der Einheit erst hören, was der Geist den Kirchen sagt (Offb 2,7.11.17.29 u. a.),
und dann entscheiden.

In der Rede vor dem Konsistorium habe ich, entgegen
manchen Unterstellungen, die genannte Frage zwar ange-
stoßen, aber bewusst offen gelassen und ausdrücklich auf
die Entscheidung der Synode in Gemeinschaft mit dem
Papst verwiesen.[79] Das »Bleiben in der Wahrheit« ist für
mich wie für alle an der Diskussion beteiligten Theologen selbstverständlich; die zur Entscheidung anstehende
Frage ist jedoch, was Wahrheit im Sinn der biblischen
Treue-Wahrheit Gottes (*emet*) in einer konkreten Situation konkret bedeutet.[80] Diese Frage lässt sich, wie viele
neuere exegetische Untersuchungen zeigen, nicht durch
bloße Zitation des Wortes Jesu (Mk 10.2–12 par.), das bereits neutestamentlich unterschiedlich überliefert wird,
entscheiden.[81] Auch wenn die genannte Frage nicht die
einzige und schon gar nicht die zentrale Frage der Familie
im gegenwärtigen Kontext ist, so ist sie für viele Christen
doch zum Test geworden für die Tragfähigkeit des neuen
pastoralen Stils. Darum ist zu hoffen, dass eine Entscheidung in alter konziliarer Tradition nach Anhörung aller
in großem Konsens getroffen werden kann, um sich ge-
schlossen umso mehr den fundamentalen Fragen in der
gegenwärtigen Krise der Familie zuwenden zu können
(EG 66 f).

Es wäre darum verkehrt, bei den innerkirchlichen Problemen und bei dem, was oft als »heiße Eisen« bezeichnet

wird, stehen zu bleiben. Papst Franziskus denkt über den kirchlichen Binnenraum hinaus. Bereits im Vorkonklave wies der damalige Kardinal Bergoglio darauf hin, die Kirche dürfe nicht auf sich selbst bezogen sein, keine Kirche, die narzisstisch in sich selbst verliebt um sich selbst kreist. Ein selbstbezogener Mensch ist ein kranker Mensch, eine selbstbezogene Kirche ist eine kranke Kirche (EG 43).[82] Franziskus will heraus aus dem Mief einer auf sich selbst bezogenen, an sich selbst leidenden, sich selbst bejammernden oder sich selbst feiernden Kirche. Für ihn ist die Kirche ein offenes Haus und eine Kirche der offenen Türen, ein Vaterhaus, in dem Platz ist für jeden mit seinem mühevollen Leben (EG 46–49). Deshalb warnt er vor Fundamentalismus ebenso wie vor einer einseitigen Sakramentalisierung des kirchlichen Lebens (EG 63).

Das Paradigma der Kirche ist für Papst Franziskus die Mission, eine nicht nur bewahrende, sondern entschieden missionarische Pastoral (EG 15), eine Kirche im Zustand permanenter Mission (EG 25). Das bedeutet nicht Proselytismus; die Kirche wächst nicht durch Proselytismus, sondern durch Anziehung (EG 14). Konkret geht es, wie der Papst immer wieder sagt, um eine Kirche im Aufbruch an die Peripherien (EG 17; 20; 24; 30; 46). Damit sind nicht nur die trostlosen Peripherien der Megapolen, sondern ebenso die Peripherien der menschlichen Existenz gemeint (EG 20–23; 27–31; 78–86 u. a.).

Gott ist ein Gott des Weges, der in der Heilsgeschichte geduldig einen langen Weg mit uns gegangen ist. Die Kirchenväter sprachen von der Langmut und Geduld Gottes, von einer Pädagogik Gottes und seiner Ökonomie.[83] Für Franziskus ist, wie wir bereits gesehen haben, das Motiv des Weges wichtig (EG 23 f). Der Glaube ist ihm kein fixer Standpunkt, sondern ein Weg, auf dem jeder Einzelne wie die Kirche insgesamt unterwegs sind. Aufgabe der Kirche ist es, Menschen auf diesem Weg und bei diesen Wachstumsprozessen klug, geduldig und barmherzig Schritt für Schritt zu begleiten. Franziskus zitiert den von ihm besonders geschätzten seligen Petrus Faber:»Die Zeit ist der Bote Gottes« (EG 169–173). Die außerordentliche Synode 2014 hat sich in ihrem Schlussdokument dieses Verständnis einer die Menschen abholenden und sie begleitenden Pastoral zu eigen gemacht.

Damit berühren wir die tiefste, ich möchte sagen: die mystische Dimension der Ekklesiologie von Papst Franziskus. Er will in den Armen Christus begegnen, ja Christus berühren (EG 270). Die Kirche ist der Leib Christi; so berühren wir in den Wunden der anderen die Wunden Christi.»Was ihr für einen der Geringsten meiner Brüder getan habt, das habt ihr mir getan« (Mt 25,40). Das ist eine mystische Sicht (EG 87; 92). Sie erinnert an Franz von Assisi, der am Anfang seines geistlichen Weges einen Aussätzigen umarmte, und an die Berufungserfahrung der Mutter Teresa, die einen Sterbenden in ihr Kloster trug und dabei die Erfahrung machte, gleichsam wie eine Monstranz Christus in den Armen zu tragen. In Albanien, dem Land, aus dem Mutter Teresa stammt, hat Franziskus am 21. September 2014 nach der Begegnung mit Märtyrern, welche unter dem kommunistischen Terror Schreckliches erlitten hatten, in sehr anrührender Weise von einer Kirche gesprochen, welche Trost spenden kann, weil sie selbst Trost erfahren hat (vgl. 2 Kor 1,3–5).

An dieser Stelle wird der bereits angedeutete methodische Paradigmenwechsel nach dem Modell des guten Samariters konkret.[84] Dieser steigt in den Staub und den Schmutz der Straße hinab, berührt und verbindet die Wunden der unter die Räuber Gefallenen und kommt auch für dessen Verpflegung auf. Franziskus spricht von einer Mystik des Zusammenlebens und der Begegnung, vom Sich-in-den-Armen-Halten und Sich-Anlehnen, von der Teilhabe an einer solidarischen Karawane, einer heiligen Wallfahrt (EG 87), von einer mystischen, kontemplativen Brüderlichkeit, »die die heilige Größe des Nächsten zu sehen weiß; die in jedem Menschen Gott zu entdecken weiß« (EG 92). Oder – um es in den Worten von Johann Baptist Metz zu sagen – es ist keine Mystik der geschlossenen, sondern der offenen Augen[85], die zur Mystik der zupackenden helfenden Hände wird.

Leitstern dieser begleitenden und fürsorgenden Seelsorge und der Evangelisierung ist für Papst Franziskus Maria, die Mutter Jesu und unsere Mutter (EG 284–288). Bei den Enzykliken der letzten Päpste ist ein marianisches Schlusskapitel Tradition geworden; für einen aus Lateinamerika kommenden und der Volksfrömmigkeit verbundenen Papst ist ein solches Kapitel vollends selbstverständlich. Vor allem Guadalupe in Mexiko, dann Aparecida in Brasilien und Luján in Argentinien sind Marienwallfahrtsorte von nationaler und kontinentaler Bedeutung.

Wir sollten ihre Erwähnung nicht hochnäsig als Tribut an Herkunft und Kultur des Papstes abtun, sondern anerkennen, welche religiöse Kraft, auch Kraft der neuen Evangelisierung, von diesen Zentren in der Geschichte des lateinamerikanischen Kontinents ausging und bis heute ausgeht. Wir sollten ernst nehmen, dass wir ohne Maria den Geist der neuen Evangelisierung nie ganz verstehen und auch die Kirche selbst nie ganz verstehen können.[86] Ohne Maria würde der Kirche das weibliche Bild fehlen. Sie begleitet das Gottesvolk auf dem Weg der Evangelisierung, auch in den Phasen der Trockenheit, des Dunkels bis hin zu mancher Mühsal. Sie ist Vorbild und Fürsprecherin der Evangelisierung. So gibt es einen marianischen Stil bei der missionarischen Tätigkeit der Kirche, die Revolution der Zärtlichkeit und der Liebe (EG 88; 288).[87]

VII.
Perspektiven kirchlicher Erneuerung

Franziskus wurde zum Papst gewählt, um aus der Krise herauszuführen, welche in den *Vatileaks* und anderen Skandalen deutlich wurde. Eine missionarische Kirche, wie Franziskus sie versteht, muss eine Kirche sein, die sich auf den Weg der Erneuerung macht (LG 8; EG 26 f; 43 u. a.). Diese Aufgabe hat Franziskus entschlossen angepackt. In diesem Zusammenhang interessieren uns nicht einzelne Maßnahmen etwa der Kurienreform, die erst in den Anfängen steckt und längst nicht abgeschlossen ist. Im Folgenden geht es nicht um die institutionellen Fragen der Kurienreform, sondern um die wesentlichen Perspektiven der Kirchenreform, die nicht ohne grundlegende Mentalitätsreform möglich ist. Der Papst scheut sich nicht, sogar von einer Konversion des Papsttums zu sprechen, was die deutsche Übersetzung leider wieder nur sehr blass mit »Neuausrichtung« wiedergibt (EG 32).

Bereits am ersten Abend, als er sich auf dem Balkon der

Peterskirche zeigte, stellte sich der neue Papst als Bischof von Rom vor. Das ist einer der ältesten Papsttitel.[88] Mit dieser Selbstbezeichnung hat er sich die Aussage des Märtyrerbischofs Ignatius von Antiochien (etwa um die Mitte des 2. Jahrhunderts) zu eigen gemacht, der die Kirche von Rom als Vorsitzende in der Liebe bezeichnete.[89] Im Hintergrund steht die Rückbesinnung auf die altkirchliche Ekklesiologie, wonach dem Bischof von Rom Hirtenverantwortung für die universale Kirche zukommt. Bischof von Rom zu sein ist hier kein Anhängsel an das Petrusamt, sondern dessen Grundlage.

Hinter diesem Verständnis steht die altkirchliche, vom Zweiten Vatikanischen Konzil erneuerte Idee von der Kirche als *communio*. Mit ihr scheint Papst Franziskus vor allem durch Henri de Lubacs *Méditations sur l'Église* vertraut worden zu sein.[90] Als *communio* hat die Kirche ihre eigene Verfassungsstruktur. Sie ist weder ein föderalistisches System, bei dem sich die einzelnen Ortskirchen zur Gesamtkirche zusammenschließen, noch ein zentralistisches System, bei dem die Ortskirchen von der Zentrale abhängige Provinzen der Weltkirche sind. Die eine Kirche ist in den Ortskirchen gegenwärtig, in ihnen nimmt sie am Ort konkrete Gestalt und ein konkretes Gesicht an. Die eine universale Kirche existiert in und aus den Ortskirchen (LG 23), umgekehrt leben die Ortskirchen in, mit und aus der einen universalen Kirche. So besteht zwischen Welt- und Ortskirche eine gegenseitige Durchdringung (Perichorese).[91]

Das Verhältnis von Universal- und Ortskirche war in den letzten Jahrzehnten ein sehr umstrittenes Thema. Auch Kardinal Bergoglio ist als Erzbischof von Buenos Aires darüber gelegentlich in Konflikt mit Stellen in der Römischen Kurie geraten. Nun greift er das Thema im Rahmen der Communio-Ekklesiologie auf und spricht von einer Dezentralisierung der Kirche und einer Stärkung der Bischofskonferenzen (EG 16; 32). Selbstverständlich geht es ihm nicht darum, das Petrusamt als sichtbares Zentrum der Einheit der Kirche infrage zu stellen. Zumal in einer globalisierten Welt und im ökumenischen Vergleich ist es ein Geschenk des Herrn für seine Kirche. Sich eines solcher Zentrums glücklich zu schätzen ist jedoch etwas anderes als ein einseitiger römischer Zentralismus, welcher in einer Welt vielfältiger Kulturen von legitimer Eigenständigkeit (EG 115) der legitimen relativen Eigenständigkeit der Ortskirchen nicht gerecht wird. »Eine Zentralisierung kompliziert das Leben der Kirche und ihre missionarische Dynamik, anstatt zu helfen« (EG 32).

So greift Papst Franziskus einen Impuls von Johannes Paul II. aus dessen Ökumene-Enzyklika *Ut unum sint* auf. Auch Papst Benedikt XVI. hatte sich diesen Vorschlag zu eigen gemacht. Wie seine beiden Vorgänger erklärte nun Papst Franziskus sich bereit, in einen ökumenischen Dialog darüber einzutreten, wie das Petrusamt, ohne seine Substanz aufzugeben, heute in einer Weise ausgeübt werden sollte, in der es allgemein akzeptiert werden kann.[92] Franziskus stellt fest, dass wir damit wenig vorangekommen sind. Er fordert im ursprünglichen spanischen Text eine Konversion (*conversión*) des Papsttums (EG 32). Er erinnert zugleich an die Aussagen des Zweiten Vatikanischen Konzils über die Bedeutung der Patriarchatskirchen (LG 23). In diesem Sinn hat er das Angebot bei einem ökumenischen Gedächtnisgottesdienst in der Grabeskirche in Jerusalem am 25. Mai 2014 wiederholt, den er zusammen mit dem Ökumenischen Patriarchen Bartholomäus und anderen Kirchenführern zur Erinnerung an die historische Begegnung von Papst Paul VI. mit dem Ökumenischen Patriarchen Athenagoras vor 50 Jahren gefeiert hat.

Der entscheidende Punkt ist die Verbindung von Kollegialität beziehungsweise Synodalität und Primazialität. Beide sind kein Gegensatz, sondern sollen sich ergänzen. Darüber hat das Zweite Vatikanische Konzil lange diskutiert (LG 22).[93] Im Augenblick steht vor allem die Erneuerung des synodalen Prinzips im Vordergrund. Das Wort »Synode« ist die Zusammenfügung der beiden griechischen Wörter *syn* (miteinander, zusammen) und *hodòs* (Weg). Synodalität meint in einem allgemeinen Sinn das gemeinsame Auf-dem-Weg-Sein des ganzen Volkes Gottes in Gemeinschaft mit dem apostolischen Amt.

In diesem Sinn hat bereits das sogenannte Jerusalemer Apostelkonzil die spätere Tradition vorgezeichnet (Apg 15). Damals ging es um den Übergang von der ursprünglich judenchristlichen Kirche zur Weltkirche aus Juden und Heiden, also um eine für die ganze weitere Entwicklung grundlegende Frage. Darüber gab es zunächst Auseinandersetzungen; kontroverse Diskussionen gehören von allem Anfang an zur Kirche, ebenso der Weg einer synodalen Konsensfindung. Damals wurde die Frage in einer Versammlung der Apostel und Ältesten zusammen mit der gesamten Gemeinde im Heiligen Geist einmütig entschieden.

In dieser Weise ist die Kirche auch später in schwierigen für den Glauben wesentlichen Fragen jeweils auf Konzilien oder Synoden verfahren. Man hat in Kontroversen nach einer gemeinsamen Antwort gesucht und sie gefunden. Das geschah auf universalkirchlicher wie auf ortskirchlicher Ebene. Im Grunde ist das synodale Prinzip erst im 19. und 20. Jahrhundert durch eine einseitige Herausstellung des römischen Primats in Vergessenheit geraten. Mit der Lehre von der Kollegialität des Bischofsamtes, der Betonung der Bischofskonferenzen und der Einrichtung pastoraler Räte hat das Zweite Vatikanische Konzil einen Neuanfang gesetzt, den es weiterzuentwickeln gilt. In den Ostkirchen blieb das synodale Prinzip immer lebendig. Das Dokument von Ravenna (2007) hat einen ersten Schritt zu einer Übereinkunft versucht, der von Papst Franziskus ausdrücklich begrüßt wurde.[94] Leider ist dieser Text vom Moskauer Patriarchat abgelehnt worden; doch die katholisch-orthodoxe Kommission arbeitet unverdrossen an diesem Thema weiter.

Papst Franziskus will nun die synodalen Elemente in der katholischen Kirche selbst stärken. Das soll auf allen

Ebenen der Ortskirchen wie der universalen Kirche geschehen. Auf der universalen Ebene geht es vor allem um die Stärkung der Bischofssynode. Sie ist auf Anregung des Zweiten Vatikanischen Konzils (CD 5) von Papst Paul VI. mit dem Motu proprio *Apostolica sollicitudo* (1965) als Repräsentanz des Gesamtepiskopats und als Ausdruck dessen universaler Verantwortung mit und unter dem Petrusamt errichtet worden. Doch bei allen inzwischen erreichten Fortschritten ist es bei der Bischofssynode bisher eher noch bei ersten Gehversuchen geblieben. In letzter Zeit meldete sich eine gewisse Unzufriedenheit mit dem bisherigen, etwas steril gewordenen Verfahren; das zeigt, dass wir über das bisher Erreichte hinauswachsen müssen.

Einen ersten Schritt hat der Papst mit der Einberufung der Synode über »Die pastoralen Herausforderungen für die Familie im Kontext der Evangelisierung« getan. Besser als von einer Synode sollte man von einem *synodalen Prozess* sprechen. Er begann mit einem Fragebogen; er soll begleitet werden durch Gebet an Familienwallfahrtsorten, später durch einen Familienkongress. Die außerordentliche Bischofssynode im Herbst 2014 sollte nur den *status quaestionis* klären, also die Fragen sammeln. Danach soll ein ganzes Jahr Zeit sein für die Beratung der Fragen in den Ortskirchen und in den Bischofskonferenzen. Erst danach soll die ordentliche Synode im Herbst 2015 zusammenfassend beraten und gemeinsam mit dem Papst beschließen.

Das ist ein prozesshafter dialogischer Stil, bei dem das ganze Volk Gottes einbezogen werden soll. Er hat nichts mit einer demokratischen Verfassung oder gar mit einem Plebiszit zu tun; es geht nicht um Mehrheitsentscheidungen, sondern um das gemeinsame Hinhören auf das, was der Geist den Gemeinden sagt (Offb 2,7.11.17.29 u. a.). Im Hören auf die vielfältigen Stimmen in der Kirche und im Austausch der Glaubenszeugnisse aller soll im Heiligen Geist die eine Stimme des Evangeliums zu Wort kommen. Das entscheidende Wort bei der Unterscheidung der Geister bleibt bei den Bischöfen und dem ihnen durch die Weihe verliehenen besonderen Charisma der Wahrheit.[95] Auch ein hörendes Lehramt bleibt ein entscheidungsbefugtes Lehramt. So wird abschließend die Bischofssynode und insbesondere, wie Papst Franziskus am Ende der außerordentlichen Synode mit den Worten des Ersten und Zweiten Vatikanischen Konzils klargemacht hat, der Papst entscheiden.

Im synodalen Prozess kommt zum Ausdruck, dass die Kirche eine Einheit in der Vielfalt der Ortskirchen, der Gemeinschaften in der Kirche und der Charismen ist. Die von dem einen Geist Gottes gewirkte Einheit in der Vielfalt der Charismen hat der Papst sehr eindringlich bei seiner Predigt in der Heilig-Geist-Kathedrale in Istanbul am 29. November 2014 behandelt. Durch die Einheit in der Vielfalt wird deutlich, dass die Kirche kein in sich geschlossenes System ist, das von einem einzigen kirchenimmanenten Systempunkt oder einer einzelnen Instanz

geleitet werden kann. Es gibt in der Kirche ein innerkirch-
lich unverfügbares, vom Geist Gottes geleitetes Zusam-
menspiel der verschiedenen Charismen, Dienste und Äm-
ter, die ihre jeweils eigene unvertretbare Funktion haben.
Weder kann die Synode den Primat ersetzen oder über-
stimmen noch kann der Primat die Kollegialität und die
Synodalität der Kirche ausschalten. Alle sind darauf angewiesen, miteinander zusammenzuwirken.[96] Das ist – so
Johann Adam Möhler – die Idee der katholischen Kirche.[97]

VIII.
Ökumenische Vision

Einheit und Vielfalt: Mit dieser Spannungseinheit ist auch die ökumenische Fragestellung und die ökumenische Vision von Papst Franziskus angesprochen. Manche mögen bei seiner Wahl zum Papst gedacht haben, dass von einem Bischof aus Lateinamerika, das gemeinhin als katholischer Kontinent gilt, für die Ökumene wohl wenig zu erwarten sein dürfte. Wer jedoch Kardinal Bergoglio kannte, wusste, dass ihm das ökumenische Anliegen schon als Erzbischof von Buenos Aires sehr am Herzen lag; davon zeugen seine freundschaftliche Verbundenheit mit der orthodoxen Metropolie und mit der lutherischen Gemeinde in Buenos Aires, besonders aber seine über die Jahre gewachsene Vertrautheit mit den nicht nur in Lateinamerika boomenden Pfingstkirchen.

Bereits bei seiner ersten Begegnung mit den Vertretern der Kirchen und kirchlichen Gemeinschaften unmittelbar nach seiner feierlichen Amtseinführung bekräftigte der neue Papst seinen Willen, auf der Linie seiner Vorgänger sich mit »noch größerem Nachdruck« für die volle

Verwirklichung des Planes Gottes einzusetzen und den ökumenischen Dialog fortzusetzen.[98] In *Evangelii gaudium* sind der Ökumene drei Abschnitte gewidmet (EG 244–246, vgl. 99–101; 131). Sie enthalten auf den ersten Blick Altbekanntes und wenig Neues. Wichtig sind sie dennoch schon allein deshalb, weil sie alle ökumenischen Zweifel zerstreuen und ein klares Bekenntnis zu dem ökumenischen Grundanliegen des Zweiten Vatikanischen Konzils und dessen Ökumenismusdekrets *Unitatis redintegratio* sind, dessen 50-jähriges Jubiläum wir im Jahr 2014 gefeiert haben.

Die Ökumene hatte seit dem Zweiten Vatikanischen Konzil viele Fortschritte gemacht. Auf der persönlichen Ebene und in der Zusammenarbeit war auf allen Ebenen vieles gewachsen; die Dokumente des theologischen Dialogs zeigten in vielen Fragen große Annäherungen, wenngleich keine volle Einheit. In den letzten Jahren war auf allen Seiten auch Stagnation und Müdigkeit zu beobachten, mangelnde Rezeption der erzielten Ergebnisse und bisher nicht gekannte neue Schwierigkeiten vor allem in ethischen Fragen mit den evangelischen Partnern, die ihrerseits durch unnötig harte Formulierungen in der Erklärung der Glaubenskongregation *Dominus Jesus* (2000) nachhaltig verstimmt waren. Als Grundfrage stellte sich immer deutlicher heraus, dass wir uns nicht einig sind, wie denn die angestrebte volle Einheit zu verstehen sei und wohin der ökumenische Weg führen soll.[99]

Ein neuer Anstoß und eine neue Vision waren nötig.

Papst Franziskus brachte sie auf seine ganz persönliche Art. Er ist ein Mann der Begegnung. So sagte er am 30. November 2014 bei seiner Ansprache in der Patriarchalkirche St. Georg in Istanbul beim dortigen Patronatsfest des Apostels Andreas: »Sich begegnen, gegenseitig das Gesicht sehen, einander den Friedenskuss geben, füreinander beten sind wesentliche Dimensionen auf dem Weg zur Wiederherstellung der vollen Gemeinschaft, die wir anstreben. All das geht voraus und begleitet ständig jene andere wesentliche Dimension dieses Weges, den theologischen Dialog. Ein echter Dialog ist immer eine Begegnung zwischen Menschen mit einem Namen, einem Gesicht, einer Geschichte und nicht nur eine Auseinandersetzung von Ideen.«

Zu den Worten kommen bei Papst Franziskus ausdrucksstarke Gesten der Versöhnung. Sie haben in den ökumenischen Beziehungen Tradition.[100] Als Papst Paul VI. am 14. Dezember 1975 vor dem Metropoliten Meliton, dem Gesandten des damaligen Ökumenischen Patriarchen Demetrios, in der Sixtinischen Kapelle niederkniete und um Vergebung für vergangene Sünden gegenüber den Orthodoxen bat, haben das manche in der Kurie nicht verstanden. Auch Johannes Paul II. traf auf Unverständnis und Kritik mit seinen wiederholten Bitten um Vergebung, am deutlichsten bei der Eucharistiefeier am ersten Fastensonntag des Jubiläumsjahres 2000. Erzbischof Bergoglio löste Unverständnis und harte Kritik aus, als er sich als Zeichen der Fürbitte von evangelikalen Pastoren die Hände auflegen ließ.[101] Jetzt als Papst verneigte er sich bei seinem Besuch in Istanbul vor dem Ökumenischen Patriarchen und bat um dessen Segen. Papst Franziskus steht damit in bester Tradition der von manchen kurialen Kreisen kritisierten Päpste.

Ein Weiteres kommt hinzu. Papst Franziskus stellt die Einheit der Christen in den Gesamtzusammenhang und den Dienst der Einheit und des Friedens der Menschheit. In der gemeinsamen Erklärung zusammen mit dem Ökumenischen Patriarchen drückte er die geteilte Sorge »um die Situation im Irak, in Syrien und im gesamten Nahen Osten aus. Wir sind vereint in dem Wunsch nach Frieden und Stabilität sowie in dem Willen, die Lösung der Konflikte durch den Dialog und die Versöhnung zu fördern«. Bei seiner Ansprache in der Patriarchalkirche sagte er: »In der heutigen Welt erheben sich lautstark Stimmen, die wir nicht überhören können und die unsere Kirchen bitten, die Nachfolge des Herrn Jesus Christus bis zum Äußersten zu leben.« Er nennt die Stimme der Armen, die Stimmen der Opfer von Konflikten und die Stimmen der Jugendlichen, die ohne Hoffnung leben, entmutigt durch Misstrauen und Resignation.

Auch an neuen theologischen Anstößen fehlt es nicht. Es wurde schon deutlich, dass der Ansatz beim Evangelium und die Herausstellung der grundlegenden Bedeutung des Evangeliums, der Heiligen Schrift und der Verkündigung dem evangelischen Anliegen und der Theologie der Reformatoren weit entgegenkommt. Die

Communio-Ekklesiologie, die Herausstellung der Bedeutung der Ortskirchen, die Abwehr eines monolithischen Verständnisses der Kirche und die Selbstbezeichnung als Bischof von Rom, die Betonung des synodalen Prinzips und die Bereitschaft, in einen Dialog über die Ausübung des Primats einzutreten, entspricht wichtigen ostkirchlichen Anliegen.

Die überraschende Rede von einer »Konversion« des Papsttums (EG 32) erinnert an die bedeutende ökumenische Denkschrift der Gruppe von Dombes *Pour la conversion des Églises* (Für die Umkehr der Kirchen) (1991). Damit wird von vornherein klargemacht, dass die Ökumene nicht etwa nur eine etwas freundlicher als früher ausgesprochene Aufforderung und Einladung zur Rückkehr der anderen Christen in den Schoß der katholischen Kirche ist. Evangelisierung setzt Selbstevangelisierung der Kirche und die Einheit der Kirche die eigene Bekehrung voraus.

Theologisches Aufsehen erregte, dass sich Papst Franziskus die Position einer »Einheit durch Verschiedenheit« des reformierten Konzilsbeobachters Oscar Cullmann (1902–1999), der Paul VI. sehr nahe gestanden hatte, zu eigen machte.[102] Schon Joseph Ratzinger hatte sich zu diesem Konzept positiv geäußert. Auch an dieser Stelle sind Verwandtschaften zur frühen Tübinger Tradition auffallend.[103] Damit ist ein Grundanliegen aufgegriffen, das im Lutherischen Weltbund unter dem Titel »Einheit in versöhnter Verschiedenheit« zur ökumenischen Leitperspektive geworden ist.[104] In anderer Weise ist dieses Modell in den Dialogen mit den orthodoxen Kirchen grundlegend: als trinitarische Perspektive der Einheit Gottes in der Dreiheit der Hypostasen (Personen).[105]

Die Formel von der Einheit durch Verschiedenheit kann je nach der zugrunde liegenden katholischen, orthodoxen oder lutherischen Ekklesiologie unterschiedlich verstanden werden und wird entsprechend auch unterschiedlich ausgelegt. Papst Franziskus meint damit mehr als gegenseitige Anerkennung der bestehenden Kirchen. Er geht von dem Grundsatz aus, dass das Ganze dem Teil übergeordnet und damit nicht nur die Summe oder Zusammenfügung der Teile ist (EG 234–237). Dabei gibt er der Verschiedenheit und der je eigenen Prägung der verschiedenen Kirchen großen Raum. Sein Modell der Einheit ist nicht das der Kugel, »wo jeder Punkt gleich weit vom Zentrum entfernt ist und es keine Unterschiede zwischen dem einen und dem anderen Punkt gibt. Das Modell ist das Polyeder [das ist ein vieleckiger und vielflächiger dreidimensionaler Körper], welches das Zusammentreffen verschiedener Teile wiedergibt, die in ihm ihre Eigenart bewahren«; im Polyeder-Modell sucht das Handeln »das Beste jedes Einzelnen zu sammeln« (EG 236)[106].

Das Polyeder hat, wenn es sich um einen edlen Stein handelt, seine eigene Schönheit; und als Prisma bricht es das einfallende Licht in vielfältiger wunderschöner Weise. Gewiss handelt es sich erst einmal um ein Bild, das man noch in den Begriff und dann in konkrete ökumenische Praxis übertragen muss. Doch es lohnt sich, über die genaue Bedeutung dieses originellen und anregenden Bildes nachzudenken. Es ersetzt das von katholischer Seite oft bemühte Modell der konzentrischen Kreise, und es ermöglicht eine Einheit, welche die Eigenheit der verschiedenen Kirchen bewahrt und die Identität des Ganzen doch nicht verbirgt. Es ermöglicht einen gegenseitigen ökumenischen Lernprozess und eine komplementäre, sich gegenseitig bereichernde Beziehung (EG 246). Das ist Harmonie, wie sie der Geist Gottes schafft.

Ist schon diese Einheitsvorstellung überraschend, so ebenso, dass Papst Franziskus sie nicht nur auf die orthodoxen Kirchen und die traditionellen lutherischen und reformierten Kirchen bezieht, sondern auch auf evangelikale und pentekostale (pfingstlerische) Kirchen. Das ist ein neuer und ein bisher kaum vorstellbarer Schritt nach vorn. Franziskus ist bereits mit seiner Videobotschaft vom 14. Januar 2014 an eine pfingstkirchliche Leiterkonferenz in den Vereinigten Staaten in diese Richtung gegangen. Vollends hat er bei seiner Begegnung in Caserta am 28. Juli 2014 und einer eindrucksvollen Rede diesen Schritt getan. Das hat ein großes Echo ausgelöst, bei manchen verständlicherweise vorsichtige bis kritische Zurückhaltung, bei sehr vielen pfingstlerischen Christen Begeisterung.

Dieser Schritt kann angesichts der rasch wachsenden Ausbreitung der pfingstlerischen Kirchen – man rechnet inzwischen weltweit mit etwa 600 Millionen Gläubigen –

in seiner Bedeutung nicht so leicht überschätzt werden. Bisher gab es zwar auf örtlicher Ebene manche menschliche und christliche Kontakte; insgesamt aber war das Klima bei den Pfingstkirchen sehr oft ausgesprochen antikatholisch, auf katholischer Seite kaum weniger kritisch und verletzend. Man hat die Pfingstkirchen – so der Papst selbst und er bittet dafür um Entschuldigung – als Schwärmer und gleichsam als Verrückte bezeichnet. Franziskus bezieht sich auf die Verfolgung pfingstlerischer Christen zur Zeit des italienischen Faschismus und bittet um Vergebung für jene Katholiken, die sich daran beteiligten. Für den Papst sind die pfingstlerischen Christen Brüder, die wir wiedergefunden haben, wie Jakobs Söhne in Ägypten ihren Bruder Josef.

Der Papst ist realistisch; er spricht von dem Weg, den wir gemeinsam gehen müssen. Ich pflegte Bischöfen aus der südlichen Hemisphäre, wenn sie zu Ad-limina-Besuchen nach Rom kamen und sich über die Schwierigkeiten und Herausforderungen durch den Proselytismus der Pfingstkirchen beklagten, zu sagen: Wir sollten nicht nur darüber reden, was bei den Pfingstkirchen nach unserem Urteil falsch ist, sondern uns vor allem fragen, was bei uns falsch läuft, so dass uns unsere eignen Gläubigen davonlaufen. Auch wenn wir weder alles, was den Stil und den Inhalt der Pfingstbewegung angeht, übernehmen können, so können wir von ihnen doch manches lernen, wie man Menschen evangelisierend ansprechen und anziehen kann.

Niemand, der die Situation realistisch und nüchtern sieht, wird sich Illusionen darüber hingeben, dass es bis zur Verwirklichung der Einheit ein langer und nicht einfacher Weg sein wird. Der Papst selbst ist realistisch genug, wenn er von Brüderlichkeit und Freundschaft spricht, was im Blick auf die Situation schon viel ist und nach außen ein wichtiges christliches Zeugnis wäre. Im Übrigen ist ein langer Atem vonnöten. Immerhin schließt Papst Franziskus seine Videobotschaft mit dem bemerkenswerten Satz: »Das Geheimnis der Einheit hat schon begonnen.«

Begonnen hat die Einheit schon heute in der Ökumene des Blutes der Märtyrer aus allen Kirchen. Schon Papst Johannes Paul II. hat aus der Erfahrung des 20. Jahrhunderts eindringlich von der Ökumene der Märtyrer gesprochen und im Heiligen Jahr 2000 unter Anwesenheit von Vertretern aller Kirchen einen großen ökumenischen Gottesdienst am Kolosseum in Rom gehalten.[107] Papst Franziskus greift das im Blick auf die Märtyrer des 21. Jahrhunderts auf. In einer Ansprache an die Mitglieder der *Catholic Fraternity of Charismatic Covenant Communities and Fellowships* sprach er am 31. Oktober 2014 von der geistlichen Ökumene: »gemeinsam beten und gemeinsam verkünden, dass Jesus der Herr ist, und sich gemeinsam in der Hilfe für die Armen einsetzen, für alle Arten ihrer Armut. Das muss man tun, und man darf nicht vergessen, dass uns heute das Blut Jesu, vergossen von seinen vielen christlichen Märtyrern in verschiedenen Teilen der Welt, herausfordert und zur Einheit drängt. Für die Verfolger sind wir nicht geteilt, sind wir nicht Lutheraner, Orthodoxe, Protestanten, Katholiken ... Nein! Wir sind eins! Für die Verfolger sind wir Christen! Etwas anderes interessiert nicht. Das ist die Ökumene des Blutes, die heute gelebt wird.« Diese Ökumene des Blutes muss den Christen neue Impulse geben. Das erinnert an Tertullian: »Das Blut der Märtyrer ist der Same neuer Christen.« [108]

Der Papst weiß, dass es auf dem Weg zur Einheit eines langen Atems bedarf. Damit berühren wir einen letzten Gesichtspunkt, der für Papst Franziskus wichtig ist. Bei der ökumenischen Feier aus Anlass des 50. Jahrestags der Begegnung zwischen Papst Paul VI. und Patriarch Athenagoras sagte er am 25. Mai 2014 in der Grabeskirche in Jerusalem: »Sicher, wir können die Spaltungen, die unter uns Jüngern Jesu noch bestehen, nicht leugnen: Dieser heilige Ort lässt ihr Drama noch leidvoller empfinden. Und doch erkennen wir fünfzig Jahre nach der Umarmung jener beiden ehrwürdigen Väter mit Dankbarkeit und neuem Staunen, wie es durch den Antrieb des Heiligen Geistes möglich war, wirklich bedeutende Schritte auf die Einheit hin zu vollziehen. Wir sind uns bewusst, dass noch eine weitere Wegstrecke zurückzulegen bleibt, um jene Fülle der Gemeinschaft zu erreichen, die ihren Ausdruck auch in der Teilnahme am selben eucharistischen Mahl finden kann, die wir so brennend ersehnen; doch die Unstimmigkeiten dürfen uns nicht erschrecken und unser Vorangehen nicht lähmen. Wir müssen glauben, dass ebenso, wie der Stein vom Grab weggewälzt worden ist, auch alle Hindernisse ausgeräumt werden können, die der vollen Gemeinschaft zwischen uns noch im Weg stehen. Es wird eine Auferstehungsgnade sein, die wir schon heute vorauskosten können.«

Immer wieder verweist der Papst auf die biblische Botschaft von der Geduld, dem Durch- und Standhalten unter der Last (*hypomone*) und dem Warten-Können bis zur Zeit der Ernte (EG 24; 44; 105; 146; 165; 171 f.; 222). Für ihn gilt der Grundsatz, dass die Zeit den Vorrang hat vor dem Raum (EG 222–225). Er will nicht kurzfristige Ergebnisse erzielen. Er will nicht Positionen besetzen, sondern Prozesse in Gang bringen und eine Dynamik erzeugen, die zur rechten Zeit Frucht tragen wird.

Das bedeutet nicht, dass die Ökumene auf den Sankt-Nimmerleins-Tag verschoben wird. Die Früchte ökumenischer Bemühungen werden nicht nur in einem kaum mehr überschaubaren Berg von Dokumenten wachsender Übereinstimmung deutlich. Sie zeigen sich vor allem in gewachsener Freundschaft und Zusammenarbeit zwischen den Kirchen und dies auf allen Ebenen, der Ebene der Pfarreien und Diözesen und der Gemeinschaften wie auf der internationalen Ebene und in den Beziehungen des Heiligen Stuhls. Um diese Ökumene der Freundschaft geht es Papst Franziskus in erster Linie; hier liegt sein besonderes persönliches Charisma. Er ist überzeugt, dass sie als unerlässliche Voraussetzung und Begleitung der theologischen Ökumene notwendig ist und für die volle Einheit, so wie und wann Jesus Christus sie will, Früchte tragen wird. Auch wenn wir die volle Einheit der Kirche noch nicht erreicht haben, so nehmen Einheit und Zusammenarbeit der Christenheit schon deutlich Gestalt an.

IX.

Neue Akzente im interreligiösen Dialog

Was vom ökumenischen Dialog gilt, gilt in anderer Weise vom Dialog mit dem Judentum sowie mit den anderen Religionen und Kulturen. Darauf kann in diesem Zusammenhang nicht im Einzelnen eingegangen werden; ein paar Hinweise sollen genügen.[109] Die grundlegenden Gesichtspunkte sind durch das Zweite Vatikanische Konzil vorgegeben und wurden seither in vielen Erklärungen von Bischofskonferenzen und des Heiligen Stuhls weitergeführt und vertieft.[110] Die Kirche bekennt Christus als das Licht der Völker und versteht sich selbst als »Sakrament, das heißt Zeichen und Werkzeug für die innigste Vereinigung mit Gott wie für die Einheit der ganzen Menschheit« (LG 1; 9; 48 u. a.). Das Konzil lehnt nichts von alledem ab, was in den anderen Religionen wahr und heilig ist. Es anerkennt die Saatkörner der Wahrheit in den Kulturen und Religionen und sucht den Dialog und die Zusammenarbeit mit ihnen (GS 3; AG 11; NA 1 f).

Papst Franziskus nahm diese Anliegen von Anfang seines Pontifikats an auf und drückte dem interreligiösen Dialog wie dem ökumenischen Dialog seinen persönlichen Stempel auf. Es geht ihm nicht nur um einen Dialog über die gemeinsamen wie unterschiedlichen kulturellen und religiösen Traditionen, sondern um den gemeinsamen Beitrag zum Wohl der Armen, Schwachen, Leidenden, um den gemeinsamen Dienst an der Gerechtigkeit, der Versöhnung und dem Frieden wie darum, »in der Welt den Durst nach dem Absoluten lebendig zu halten«. Er fühlt sich dabei auch jenen Menschen nahe, die sich zwar zu keiner religiösen Tradition bekennen, sich aber dennoch auf der Suche nach dem Wahren, Guten und Schönen befinden, das Gott ist, und die er als Verbündete betrachtet bei der Verteidigung der Menschenwürde, beim Aufbau eines friedlichen Zusammenlebens der Völker und bei der achtsamen Bewahrung der Schöpfung.[111] Grundsätzlich ist ihm die Brüderlichkeit Fundament und Weg des Friedens in der Welt.[112]

Diese Anliegen kamen bei der Papst Franziskus besonders am Herzen liegenden Begegnung mit dem jüdischen Volk zum Ausdruck und bei dem Friedens-Gebetstreffen, zu dem am 8. Juni 2014 der Staatspräsident Israels und der Präsident der Palästinensischen Gebiete auf Einladung des Papstes im Vatikan zusammenkamen.[113] In einem noch größeren Zusammenhang steht die vom Papst angeregte und dann zusammen mit Vertretern anderer Religionen und Kirchen am 2. Dezember 2014 im Vatikan unterzeichnete Erklärung gegen Menschenhandel und moderne Sklaverei. Darin verurteilen die Religionsführer auch Zwangsarbeit, Zwangsprostitution und Organhandel. Die Unterzeichner verpflichteten sich, Gläubige und »Menschen guten Willens« zu mobilisieren.

Den Dialog mit den Muslimen beim Besuch des Papstes in Ankara und in Istanbul vom 28. bis zum 30. November 2014 bestimmen die gegenseitige Achtung und Wertschätzung, die Anerkennung der Menschenwürde und Menschenrechte, besonders der Religionsfreiheit, sowie die Zurückweisung des religiösen Fundamentalismus und des Terrorismus im Namen der Religion. Der Papst plädierte für gemeinsame Anstrengungen für einen Friedensprozess in dem durch anhaltende schlimme Konflikte geplagten Nahen und Mittleren Osten. Damit stellte sich der Papst auf den Boden des die Muslime betreffenden Abschnitts der Konzilserklärung über das Verhältnis zu den nichtchristlichen Religionen sowie in die Tradition des damaligen Apostolischen Delegaten in der Türkei, Angelo Roncalli, und späteren Johannes XXIII., sowie der Päpste Paul VI., Johannes Paul II. und Benedikt XVI., in deren Fußspuren Papst Franziskus seine Heilig-Land-Reise wie die Türkeireise unternommen hat.

Der Schwerpunkt des Pontifikats soll Asien sein, der Kontinent mit seinen alten Kulturen, dem eine seinem wachsenden weltweiten Einfluss entsprechende immer größere Bedeutung zukommt. Während seines Besuchs in Korea hat der Papst bei der Begegnung mit den Bischöfen Asiens diesen Dialog mit Asien und das Verhältnis von Dialog und katholischer Identität bereits deutlich angesprochen.[114] Mehrfach hat er besonders bei der Seligsprechung der koreanischen Märtyrer auf die vielen heutigen Märtyrer in Asien hingewiesen.[115] Mit Ausnahme der Philippinen und in gewissem Maß Koreas sind die Christen in Asien noch immer eine Minderheit. Nach der Koreareise im August 2014 wird die Reise nach Sri Lanka und auf die Philippinen im Januar 2015 sicher weitere Akzente im Blick auf Asien setzen. Wie man hört, wird in anderem Zusammenhang die Seligsprechung des bedeutenden Chinamissionars Matteo Ricci erwogen, der sich schon im 16./17 Jahrhundert mit Erfolg um die Inkulturation des Christentums in der chinesischen Kultur bemühte, aber von kurzsichtigen Kreisen angefeindet und gestoppt wurde. Hätte man auf ihn gehört, wäre die Geschichte der Kirche in China anders verlaufen. Hoffen wir, dass sich dort in naher Zukunft die Tür für das Evangelium wieder weiter auftut.

X.
Eine arme Kirche
für die Armen

Der Reform- und Erneuerungswille von Papst Franziskus
reicht über die üblichen innerkirchlichen und ökumenischen Fragen hinaus. Bereits bei seiner ersten Begegnung
mit den Medienvertretern machte er die ganze Brisanz
seines Programms deutlich, als er seine Motive erläuterte,
die ihn zur Wahl des Namens Franziskus geführt haben,
und hinzufügte: »Ach, wie möchte ich eine arme Kirche
für die Armen!«[116] Der Name Franziskus steht demnach
für das Programm einer armen Kirche für die Armen.
Seine Vision hat der Papst wiederholt zum Ausdruck gebracht; in *Evangelii gaudium* (EG 53–60; 197–291 u. a.) hat
er sie nochmals ausführlich dargelegt.[117]

Dieses Programm hat große Aufmerksamkeit gefunden, aber auch kritische Fragen aufgeworfen. Die Frage ist:
Kann eine arme Kirche zugleich eine Kirche für die Armen sein? Braucht sie nicht Mittel, um den Armen helfen
zu können? Ist sie, um helfen zu können, nicht auf Kran-

kenhäuser, Schulen, Altenheime und andere Einrichtungen angewiesen? Und braucht nicht auch sie selbst weltliche Mittel, um ihren Dienst ausüben zu können? Es wäre naiv, dies alles bestreiten zu wollen.[118]

Die Frage ist darum nicht, ob die Kirche keinerlei weltliche Güter besitzen soll, sondern wie und vor allem wofür sie die ihr anvertrauten Güter verwendet. Nützt sie diese für die Armen oder vornehmlich für die eigene Absicherung und eigene Interessen? Besteht Transparenz über ihre Verwendung von Geld und Gütern und wird darüber in transparenten Verfahren entschieden? Bei der Reform des vatikanischen Finanzwesens ist Franziskus inzwischen mit gutem Beispiel vorangegangen, dem viele andere Schritte in Rom wie in den Ortskirchen folgen müssen. Das Grundproblem ist damit freilich noch nicht berührt.

Die Option von Papst Franziskus für eine arme Kirche ist letztlich christologisch begründet (EG 198; 232).[119] Jesus ist gekommen, um den Armen das Evangelium zu verkünden (Lk 4,18). Die erste Seligpreisung der Bergpredigt lautet: »Selig, die arm sind vor Gott, denn ihnen gehört das Himmelreich« (Mt 5,3; vgl. Lk 6,20). Damit verachtet Jesus Reichtum nicht, und er idealisiert die Armut nicht. Reichtum kann im Sinn des Alten Testaments auch als Segen Gottes verstanden werden. Jesus weiß aber um die Gefahren des Reichtums. Reichtum kann in trügerischer Sicherheit wiegen und den Samen des Reiches Gottes ersticken (Mt 13,22). Arm-sein vor Gott bedeutet, die

Hoffnung nicht auf irdischen Reichtum, sondern allein auf Gott zu setzen. Die freiwillige Armut ist darum ein prophetisches Zeichen der kommenden Gottesherrschaft. Jesus selbst hat dieses Zeichen vorgelebt. In einem der ältesten Texte des Neuen Testaments, in dem vorpaulinischen Hymnus im Philipperbrief, heißt es von Jesus Christus: »Er war Gott gleich ... entäußerte sich und wurde wie ein Sklave und den Menschen gleich« (Phil 2,6 f). Paulus nahm dieses Motiv auf: »Er, der reich war, wurde euretwegen arm, um euch durch seine Armut reich zu machen« (2 Kor 8,9). Die Kirche muss darum in der Nachfolge Jesu selbst arm sein, um andere reich machen zu können.

In der Jerusalemer Urgemeinde hatten alle alles gemeinsam (Apg 2,44). »Die Armen« war eine Selbstbezeichnung der Jerusalemer Urgemeinde (Röm 15,26; Gal 2,10). Dieses Vorbild hat in der Kirchengeschichte immer wieder eine Rolle gespielt. Daran orientierte sich das altkirchliche Mönchtum und hat damit eine bis heute fortdauernde Armutsbewegung eingeleitet. Im Mittelalter gab es immer wieder Gegenbewegungen zu einer mächtigen und reichen Kirche. Am bekanntesten und bis heute fruchtbar ist die von Franz von Assisi ausgelöste Armutsbewegung.

Auch beim Zweiten Vatikanischen Konzil spielte das Motiv einer armen Kirche eine Rolle. Schon Johannes XXIII. hatte in einer Ansprache zur Vorbereitung des Konzils am 11. September 1962 von einer Kirche der Armen gesprochen. In den Dokumenten des Konzils ist dieses Anliegen nicht zu einem beherrschenden Thema geworden; es fehlt jedoch nicht. Der grundlegende Text findet sich in der Kirchenkonstitution: »Wie aber Christus das Werk der Erlösung in Armut und Verfolgung vollbrachte, so ist auch die Kirche berufen, den gleichen Weg einzuschlagen ... So ist die Kirche ... nicht gegründet, um irdische Herrlichkeit zu suchen, sondern um Demut, Selbstverleugnung auch durch ihr Beispiel auszubreiten«; so »umgibt die Kirche alle mit ihrer Liebe, die von menschlicher Schwachheit angefochten sind, ja in den Armen und Leidenden erkennt sie das Bild dessen, der sie gegründet hat und selbst ein Armer und Leidender war. Sie müht sich, deren Not zu erleichtern, und sucht Christus in ihnen zu dienen« (LG 8,3). Am bekanntesten ist die Aussage der Pastoralkonstitution: Die Kirche teilt »Freude und Hoffnung, Trauer und Angst der Menschen von heute, besonders der Armen und Bedrängten aller Art« (GS 1).[120]

In diesem Geist schlossen kurz vor dem Ende des Konzils am 16. November 1965 40 Bischöfe, denen sich nachher 500 weitere anschlossen, in der Domitilla-Katakombe in Rom den sogenannten Katakombenpakt »Für eine dienende und arme Kirche«. Sie bekannten sich zu einer Reihe von Selbstverpflichtungen hinsichtlich des Lebensstils, der Amtskleidung, der Titel, des Einsatzes für die Armen.[121] Zu den Erstunterzeichnern gehörten Bischöfe wie Hélder Câmara und Aloísio Lorscheider, aus Deutschland der Essener Weihbischof Julius Angerhausen. Für die Zeit nach dem Konzil ist Erzbischof Óscar Romero von San Salvador zu nennen. Er wurde am 14. März 1980 während der Eucharistiefeier von einer bestellten Soldateska niedergeschossen, weil er sich aus dem Geist der katholischen Soziallehre für die Rechte der Campesinos eingesetzt hatte.[122] Von manchen römischen Kreisen wurde er argwöhnisch beäugt. Papst Franziskus hat nun den blockierten Seligsprechungsprozess wieder in Gang gesetzt. Eine Seligsprechung dieses aufrechten Zeugen der Wahrheit und der Gerechtigkeit wäre ein wichtiges und ein unübersehbares Zeichen.

Nach dem Konzil wurde das Thema von der Befreiungstheologie aufgegriffen. Die 2. Vollversammlung des lateinamerikanischen Episkopats hat 1968 in Medellín die Option für die Armen formuliert; die Versammlung in Puebla 1979 von der vorrangigen Option für die Armen gesprochen, und die 7. Generalversammlung in Aparecida 2007 hat diese Option wiederholt, sie christologisch begründet und durch die Option für die Ausgeschlossenen ergänzt.[123] Der Architekt des Dokuments von Aparecida war Kardinal Jorge Bergoglio als Vorsitzender des Redaktionskomitees. So ist es kaum überraschend, dass Aparecida an vielen Stellen in *Evangelii gaudium* zitiert wird.[124] Die vorrangige Option für die Armen ist keine lateinamerikanische Besonderheit geblieben. Johannes Paul II. wie Papst Benedikt XVI. haben sie in ihrer eigenen Lehrverkündigung übernommen.[125] Benedikt XVI. hat sie in seiner Eröffnungsrede in Aparecida christologisch begründet. Bei der Ansprache zum Abschluss seines Deutschlandbesuchs am 25. September 2011 in Freiburg hat er unter dem Stichwort der »Entweltlichung« im Grunde nichts anderes angesprochen, als was Franziskus heute sagt. Man hat ihn damals weithin nicht verstanden oder wollte ihn auch nicht verstehen.[126] Franziskus macht nun nicht nur durch sein Wort, sondern auch durch seinen eigenen einfachen und schlichten Lebensstil, die Art seines Auftretens und durch seine Gesten in programmatischer Weise deutlich, worum es geht.

Mit der vorrangigen Option für die Armen und eine arme Kirche steht Papst Franziskus in einer langen Tradition; er kann mit Recht sagen, die Option für die Armen werde von der gesamten Tradition bezeugt (EG 198). Darin nimmt er ein oft vernachlässigtes Anliegen des Konzils auf und leitet eine neue Phase der Konzilsrezeption ein. Diese war bisher mehr auf Innenrenovierung, auf Liturgie- und Strukturreform bedacht, nun soll die Kirche hinausgehen an die Peripherien der eigenen Territorien in die neuen soziokulturellen Umfelder (EG 30).

Das Programm, das Papst Franziskus dafür aufstellt, klingt nach allem anderen als nach einem Evangelium einer billig und oberflächlich verstandenen Freude. Mit starken Worten geißelt er die spirituelle Weltlichkeit vor allem des Klerus, die auf Besitz, Einfluss, Privilegien, auf Organisation, Planung, doktrinelle oder disziplinarische Sicherheit, autoritäres Elitebewusstsein oder gesellschaftlich glanzvollen Lebensstil setzt. Solche spirituelle Weltlichkeit ist für Papst Franziskus die schlimmste Versuchung, die der Kirche drohen kann (EG 93–97; 207). Das sind sperrige, zum Widerspruch reizende provokante Thesen, die weh tun. Doch harmlos war auch das Evangelium, das Jesus verkündet hat, nicht.

Die Herausforderung trifft jeden Einzelnen. Sie betrifft den Lebensstil des höheren wie des niederen Klerus ebenso den der Laien im kirchlichen Dienst. Sie betrifft auch die Ordenschristen. Sie haben zwar das Gelübde der Armut im Sinn des Verzichts auf persönliche Verfügung über individuelle weltliche Güter abgelegt, sie sind aber im Allgemeinen – nicht nur in Deutschland – durch ihre Ordensgemeinschaft institutionell für den täglichen Unterhalt, für den Fall der Krankheit oder für die Versorgung im Alter keineswegs weniger abgesichert als die meisten Weltchristen.[127] Von allen ist Einfachheit, Schlichtheit und Anspruchslosigkeit im persönlichen Lebensstil wie in der institutionellen Selbstdarstellung verlangt.

Man mag diese Anfragen an den Lebensstil der Kirche, ihrer Vertreter und Glieder, als unrealistisch abtun oder auch als unangenehm, ja als ungerecht und als anstößig empfinden; manchmal mögen sie in der Tat selbstgerechter oder gar böswilliger Skandalisierungssucht entspringen, mit der man sich selbst in der Öffentlichkeit profilieren will. Als Christen, die sich auf das Evangelium berufen, müssen wir uns den Anfragen trotzdem ehrlich stellen.

Solche Anfragen an die Kirche – an beide großen Kirchen in Deutschland – sind nicht neu. Bereits zwei große ökumenische Zeugen des letzten Jahrhunderts, Dietrich

Bonhoeffer und Alfred Delp, haben die Notwendigkeit des Abschieds von einer reichen und mächtigen Kirche klar vorhergesehen.[128] Man hat sie viel zitiert, aber in dieser Frage wenig auf sie gehört. Die Gemeinsame Synode der deutschen Bistümer (1971–1975) hat das Problem der Armut erneut eindringlich ins Bewusstsein zu rücken versucht.[129] Aber bereits damals musste Karl Rahner die Unfähigkeit zur Armut beklagen.[130]

Mit seinem Programm einer armen Kirche für die Armen richtet Papst Franziskus eine ernste Anfrage an die Kirche. Die Herausforderung betrifft die Kirche als Institution, ihre Selbstdarstellung und ihren Umgang mit Geld und Gütern. Die Herausforderung richtet sich vor allem an die wohlhabenden Kirchen innerhalb einer Wohlstandsgesellschaft, wie es die Kirche in Deutschland ist.[131] Es gibt freilich auch in den armen Kirchen Versuche, feudale Strukturen, die bei uns inzwischen weithin überwunden sind, nachzuholen. Doch die Kirche soll nicht auf politischen und gesellschaftlichen Einfluss und Glanz, nicht nur auf Programme, Planungen, Organisationen, sondern auf geistliche Ausstrahlung setzen.

Papst Franziskus ist der Überzeugung, dass wir die *acedia*, die lähmende Kraft, welche uns nach unten zieht, nur überwinden, den Blick nach oben richten und den geistlichen Schwung wiedergewinnen können, wenn wir als arme Kirche für die Armen die Freude und den Schwung des Evangeliums zurückgewinnen und unsere Hoffnung auf Gott und seine Vorsehung setzen. Große Heilige wie

Zehntes Kapitel

Johannes Don Bosco und Mutter Teresa haben das vorgemacht. Das ist kein liberales, das ist ein radikales und ein sehr herausforderndes Programm der Reform und der Erneuerung im Sinn der Armut vor Gott (Mt 5,3) wie vor den Menschen. Papst Franziskus ist überzeugt, dass wir genau diese Freude von den Armen lernen können (EG 198).

XI.
Die Herausforderung der Armut in der Welt von heute

Die Kirche begegnet in der Welt von heute vielfältigen Herausforderungen: der Herausforderung des Friedens, der Vertreibung von Menschen auf der Flucht vor Verfolgung oder wegen extremer Armut, des interkulturellen und interreligiösen Dialogs, der Bewahrung der Schöpfung, des Schutzes des Lebens, der Krise der Familie, des wissenschaftlichen und technologischen Fortschritts, der Zunahme des Wissens und der Information und gleichzeitig des Verlusts an Orientierung, des damit verbundenen kulturellen Wandels, der oft als Wertewandel beschrieben wird, der Säkularisierung und des Relativismus (EG 52; 64). Unter diesen vielfachen Herausforderungen richtet sich der Blick von Papst Franziskus in *Evangelii gaudium* vor allem auf die sozialen Herausforderungen, besonders auf das Problem der Armen und der Armut (EG 52; 60–67; das ganze 4. Kapitel). Für Papst Franziskus ist dies heute ein, wenn nicht *das* Schlüsselproblem für viele andere Probleme.[132]

Im Hintergrund steht der himmelschreiende Skandal der Armut und des Elends, besonders in der südlichen Hemisphäre, aus der der Papst selbst kommt und deren Konflikte er persönlich erfahren hat. Er übersieht nicht positive Folgen der Globalisierung; er sieht aber aus der Perspektive der Peripherie deutlicher, als wie Europäer das gewöhnlich tun, deren verheerende Folgen für Millionen von Menschen. Das erklärt, warum er oft extreme Beispiele anführt, die man nicht verallgemeinern kann, welche aber die globale Situation schonungslos aufdecken und darum auch nicht leichthin beiseite geschoben werden können. Es geht dem Papst um einen prophetischen Aufschrei und Weckruf angesichts von Millionen von Menschen, welche nur noch als Problemfälle, als ›Abfall‹ und ›Müll‹ betrachtet werden (EG 53). Gegen die Globalisierung der Gleichgültigkeit angesichts dieser Situation will der Papst seine Stimme erheben (EG 54). Er ruft dazu auf, den Schrei der Armen zu hören (EG 187). Dabei scheut er sich nicht, in einer prophetischen Sprache harte Worte zu gebrauchen, sehr deutlich nochmals in der Rede vor den Teilnehmern des »Welttreffens der Volksbewegungen« (*Movimentos populares*) am 28. Oktober 2014 im Vatikan.

Diese Aussagen haben verständlicherweise in den weltlichen Medien besonderes Interesse, teilweise auch harte Kritik gefunden.[133] Dabei ist nicht immer beach-

Elftes Kapitel

tet worden, dass der Papst in *Evangelii gaudium* kein Dokument zu sozialen Fragen schreiben und keine marktwirtschaftliche Analyse vorlegen wollte (EG 15; 184). Das Letztere ist nicht die Aufgabe und auch nicht die Kompetenz eines Papstes. Das Programm des Papstes von einer armen Kirche für die Armen ist in erster Linie ein kirchliches, pastorales und spirituelles Programm. Seinem literarischen Genus nach ist es eine *exhortatio*, ein Mahnschreiben, das aufrütteln und Mut machen will. Es wendet sich an gläubige Christen, um sie zu einer neuen Etappe der Evangelisierung einzuladen (EG 1), und richtet in diesem Zusammenhang den Blick auf die Herausforderungen, welche die Welt von heute für die Evangelisierung bedeutet.

Der Papst geht gemäß der ihm vertrauten Methode der geistlichen Unterscheidung anhand des Evangeliums vor (EG 50 f). Er will verfehlte Grundhaltungen aufdecken, die zu einer verfehlten Wirtschaft führen. Für ihn ist die Wirtschaft ein kommunikatives Geschehen des Warenaustauschs zwischen Menschen, darum ist Massenarmut nicht einfach naturhaftes Schicksal, sondern Ergebnis einer verkehrten Wirtschaft, die den Menschen nur als Individuum betrachtet und benützt und mit solchem Individualismus die sozialen Bande zerstört, besonders die Familienbande (EG 67).

Die soziale Krise ist darum eine anthropologische Krise, in der nicht mehr der Mensch, sondern das Geld im Mittelpunkt steht und zum alles bestimmenden Götzen geworden ist (EG 55). Dem entspricht ein zügelloser Konsumismus, der den Menschen auf den *homo oeconomicus*, den Produzenten und Konsumenten reduziert (EG 60; 63; 67). Dagegen richtet der Papst ein vierfaches Nein: Nein zu einer Wirtschaft der Ausschließung, in der Menschen an den Rand gedrängt und zum Abfall werden; Nein zu einer Vergötzung des Geldes und zur Ideologie der absoluten Autonomie der Märkte; Nein zum Geld, das regiert, statt zu dienen; Nein zur sozialen Ungleichheit, die Gewalt hervorbringt (EG 53–60).

Erst in diesem Gesamtzusammenhang werden marktkritische Aussagen verständlich, die in besonderer Weise Kritik gefunden haben. Vor allem der Satz »Diese Wirtschaft tötet« hat für Widerspruch gesorgt. Man muss den Satz freilich genau lesen. Es heißt nicht »Die Wirtschaft tötet«, sondern »*diese* Wirtschaft«, das heißt: eine bestimmte Art des Wirtschaftens tötet. Diese Aussagen sind als Kritik an Auswüchsen des kapitalistischen Systems zu verstehen, die in vielen Ländern der Welt festzustellen sind; sie weisen aber darüber hinaus auf einen grundsätzlichen Systemfehler hin.

Papst Franziskus ist vor allem kritisch gegenüber der »Überlauftheorie« (*trickle-down-Theorie*), welche davon ausgeht, dass der wirtschaftliche Fortschritt zeitverzögert auch zu den Armen durchsickert und durchtröpfelt (EG 54).[134] Diese Theorie geht letztlich auf den Begründer der klassischen Nationalökonomie, Adam Smith (1723–1790), zurück. In der Zeit der Reagan-Regierung[135] war diese Theorie politisch hochbesetzt, was zu einer weitgehenden Deregulierung der Märkte geführt hat. Bei Fachleuten ist diese Theorie sehr umstritten. Ihre Befürworter räumen ein, dass in der Tat sehr viele Menschen unter extremer Armut leiden, sagen aber, diese Situation sei durch weltwirtschaftliche Programme bereits nachweislich verbessert worden. Dafür verweisen sie auf den Weltwirtschaftsbericht der Vereinten Nationen von 2013. Die Zahlen sind nicht zu bestreiten. Doch damit ist weder das tatsächliche Problem des Elends so vieler Menschen gelöst noch das grundsätzliche Problem eines Wirtschaftssystems, das solches Elend verursacht.

Sehr oft zitiert Franziskus die päpstlichen Sozialenzykliken[136] und das Kompendium der Soziallehre der Kirche.[137] Aus dem Geist der katholischen Soziallehre geht es ihm um mehr als um Almosen und individuelle Hilfen, um mehr als kirchliche Hilfsorganisationen und Hilfsprogramme, so segensreich sie im einzelnen Fall sind (EG 202). Alle Christen, die Hirten eingeschlossen, müssen sich um den besseren Aufbau der Welt kümmern (EG 183), um die strukturellen Ursachen der Armut (EG 202), eine ganzheitliche Förderung des Menschen (EG 181 f) und eine ganzheitliche Entwicklung der Armen (EG 188; 203). Strukturelle Änderungen und Einsatz für eine gerechtere soziale Ordnung sind nötig (EG 202–207; 217–221). Bei alldem ist die Mission der Kirche »keine humanitäre Organisation, keine Veranstaltung, um zu zählen, wie viele dank unserer Propaganda daran teilgenommen haben; es ist etwas viel Tieferes, das sich jeder Messung entzieht« (EG 279). Dieser ganzheitliche Ansatz wird in der Kritik an der Kritik des Papstes meist übersehen.

Die kirchliche Soziallehre geht davon aus, dass die Güter der Welt allen Menschen gehören (EG 190; 192). Papst Franziskus zitiert den Kirchenvater Chrysostomus: »Die eigenen Güter nicht mit den Armen zu teilen bedeutet, diese zu bestehlen und ihnen das Leben zu entziehen« (EG 57). Alle sollen Anteil haben an der Erde und ihren Gütern, alle haben ein Recht auf Wohnung und auch auf Arbeit, durch die sie am gesellschaftlichen Prozess und am Fortschritt mitarbeiten und teilhaben können. Arbeit entspricht der Würde des Menschen. Durch ihre Arbeit sollen Menschen nicht nur passive Empfänger und damit Objekte, sondern aktive Mitgestalter und damit Subjekte des wirtschaftlichen Prozesses sein.[138] Dazu haben die Armen etwas beizutragen, ja wir haben von ihnen viel zu lernen (EG 198). Die Arbeit beziehungsweise die Arbeitslosigkeit vor allem von so vielen Jugendlichen in vielen Ländern Europas und der Welt stellt für den Papst ein Schlüsselproblem dar. Das hat er nochmals in der bereits genannten Rede an die internationale Konferenz der *Movimentos populares* deutlich gemacht.

Zum Prinzip der in der Würde jedes einzelnen Menschen begründeten Subsidiarität kommt das Prinzip der Solidarität aller Menschen. Unter diesem Gesichtspunkt spricht Papst Franziskus ein zweites aktuelles Schlüsselproblem an: Migration und Flucht und die Aufnahme von Flüchtlingen. Die Gastfreudschaft für Fremde, Notleidende und Verfolgte ist schon im Alten und im Neuen Testament eine grundlegende Pflicht, Fremdenfeindlichkeit dagegen kann oder sollte es unter Christen nicht geben (Gen 18,1–15; Jes 58,7; Weish 19,13–17; Mt 25,35; Röm 12,13; Hebr 13,2).[139] Papst Pius XII. hat die Aufnahme von Flüchtlingen sogar als deren Menschenrecht bezeichnet.[140] Diese Aussagen sind in den letzten Jahrzehnten diplomatisch abgeschwächt worden. Papst Franziskus hat nun zur prophetischen Sprache zurückgefunden und dabei sehr starke und deutliche Worte gewählt, die auf Widerspruch stoßen. Doch der Papst fragt in der Sprache der Bibel: »Wo ist dein Bruder?« (Gen 4,9) (EG 210 f).[141]

Es ist bezeichnend, dass der Papst seine allererste Reise am 8. Juli 2013 nach Lampedusa unternommen hat, wo das Elend und Drama der Flüchtlinge wie das Versagen der europäischen Gemeinschaft offensichtlich ist. Dort hat er die mangelnde Solidarität und die globalisierte Gleichgültigkeit scharf kritisiert. Beim Besuch des römischen Flüchtlingszentrums *Astalli* am 10. September 2013 sagte er: »Solidarität, dieses Wort macht der hoch entwickelten Welt Angst. Man versucht, es nicht auszusprechen. Solidarität ist fast ein Schimpfwort für sie. Aber es ist unser Wort!« Auch in diesem Zusammenhang betonte er, dass die Flüchtlinge nicht nur ein Problem sind, sondern etwas beitragen können für unsere Kultur. Die Kirche gehört an die Seite der Schwachen. Die Aufnahme der Armen und die Förderung der Gerechtigkeit ist nicht nur Spezialisten anvertraut, sondern muss eine Aufmerksamkeit der gesamten Pastoral bilden.

Mit alldem ist Papst Franziskus kein grundsätzlicher Gegner des Marktes. Seine Kritik des Kapitalismus betrifft die absolute Autonomie der Märkte und der Finanzspekulationen (EG 56) und wie bei Johannes Paul II. einen zügellosen ideologischen globalen Kapitalismus, bei dem die freie Wirtschaft nicht in eine soziale Rechtsordnung eingebunden ist und alles von den Verwertungsinteressen des Kapitals abhängig wird, was zur Ökonomisierung aller Lebensbereiche führt (Kardinal Reinhard Marx). Davon ist die Wirtschaftsform zu unterscheiden, die wir als soziale Marktwirtschaft bezeichnen. Sie nimmt die Rolle des Unternehmers, des Marktes, des Privateigentums und der Kreativität des Menschen ernst, stellt sie aber in den Rahmen einer sozialen Ordnung und in den Dienst der menschlichen Freiheit und des Gemeinwesens.[142] Es gilt nicht nur die Menschenrechte als Rechte Einzelner, sondern auch die Rechte der Völker, besonders der armen Völker zu achten, denn die Erde gehört allen (EG 190).

Papst Franziskus führt die kirchliche Soziallehre auf der Linie, die Papst Benedikt XVI. vorgegeben hat, weiter. Während die klassische kirchliche Soziallehre von der Idee der Gerechtigkeit ausgeht, geht Papst Benedikt und nun Papst Franziskus einen Schritt weiter. Benedikt hat die Begründung in der Gerechtigkeit durch die Begründung in der Liebe nicht ersetzt, sondern vertieft. Die Liebe hebt die Gerechtigkeit nicht auf, sie setzt sie voraus und

Elftes Kapitel

überbietet sie. Gerechtigkeit ist das Minimum, Liebe das Maximum sozialer Verpflichtung.[143] In diesem Sinn ist die Liebe nicht nur »das Prinzip der Mikrobeziehungen – in Freundschaft, Familie und kleinen Gruppen –, sondern auch der Makrobeziehungen – in gesellschaftlichen, wirtschaftlichen und politischen Zusammenhängen«.[144]

An dieser Stelle setzt Papst Franziskus mit der Botschaft von der Barmherzigkeit an. Das bedeutet nicht, dass für ihn die Gerechtigkeit ausgespielt hat; er spricht davon an sehr vielen Stellen.[145] Er will die soziale Dimension des Evangeliums herausstellen, dessen Kern die Liebe ist (EG 176–179; 193 f).»Aus diesem Grund ist der Dienst der Liebe ein konstitutives Element der kirchlichen Sendung« (EG 179).»In dem Maß, in dem Gott unter uns herrschen kann, wird das Gesellschaftsleben für alle ein Raum der Brüderlichkeit, der Gerechtigkeit, des Friedens und der Würde sein« (EG 180). Ein authentischer Glaube schließt immer den tiefen Wunsch ein, die Welt zu verändern, Werte zu übermitteln, nach unserer Erdenwanderung etwas Besseres zu hinterlassen (EG 183). Ohne solchen Einsatz sind die religiösen Übungen unfruchtbar, leere heuchlerische Reden (EG 207).

Damit will Franziskus kein konkretes Wirtschaftsprogramm vorlegen. Ihm geht es um die anthropologische Krise, in der das Geld zum Mammon, zum Götzen, geworden ist (EG 55). Er fordert eine neue Lebenskultur und einen neuen Lebensstil, der nicht vom Haben, sondern vom Geben und Teilen bestimmt ist (EG 57), zugleich eine

Kultur der Bescheidung auf das wirklich Notwendige, die vor Zerstreuung bewahrt und den Blick für das Wesentliche und für Gott wieder neu frei macht. Vor allem die Solidarität mit den Armen betrifft unmittelbar unsere Beziehung zu Gott (EG 196 f.).

Der ganzheitliche sozialethische Ansatz des Papstes wird von manchen Lebensschützern missverstanden. Sie meinen, der Papst setze sich nicht genug für den Schutz des Lebens der nichtgeborenen Kinder ein.[146] Sicher ist solcher Einsatz zumal in der gegenwärtigen Situation anerkennenswert. Der Schutz des Lebens betrifft jedoch nicht nur Anfang und Ende des Lebens, so wichtig beides selbstverständlich ist. Der Lebensschutz betrifft das ganze Leben, von der Zeugung bis zum natürlichen Tod; er umfasst den Einsatz für die Geborenen und damit für soziale Gerechtigkeit; er schließt ganzmenschliche Zuwendung zu armen, kranken und leidenden Menschen ein. Man darf die kirchliche Morallehre darum nicht auf einige Aspekte beschränken, so wichtig und grundlegend sie auch sind (EG 39).

Eine neue Lebenskultur schließt eine neue Einstellung zur Schöpfung ein und wirft die ökologische Frage auf.[147] Ansätze zu einer theologischen Reflexion ökologischer Fragen finden wir bereits bei Papst Benedikt.[148] Franziskus hat in seiner Predigt zur Amtseinführung am 19. März 2013 auf den heiligen Josef als *Custos*, als Hüter, verwiesen. Der Papst sprach von der Zärtlichkeit gegenüber der Schöpfung. Darin ist ihm Franz von Assisi ein Vorbild.[149]

Elftes Kapitel

In *Evangelii gaudium* schreibt er: »Wir lieben diesen herrlichen Planeten, auf den Gott uns gesetzt hat, und wir lieben die Menschheit, die ihn bewohnt« (EG 183; vgl. 190). Der Mensch soll Hüter der Schöpfung sein (EG 215). Aber was haben wir aus der Erde gemacht: eine fortschreitende Wüstenbildung des Bodens, Abholzung der Wälder, Vergiftung der Gewässer, Verwüstung der Umwelt, Zerstörung durch Kriege … Der Papst plant darum eine Enzyklika zu den Fragen der Ökologie. Wie Franz von Assisi im Sonnengesang geht es Franziskus um die Wiederentdeckung der Schönheit als Weg zu Gott.[150]

XII.
Europa –
wo sind deine Ideale?

Alle die genannten Herausforderungen betreffen auch uns Europäer, sie betreffen die Kirche und die Völker Europas. Die Christentumsgeschichte ist eng mit der europäischen Geschichte und diese mit Rom und dem Bischof von Rom verbunden. Die Rom-Idee war schon in der Antike und dann in der gesamten Geschichte Europas präsent als Idee der Einheit oder als antirömischer Affekt, an dem sich Europa abzuarbeiten hatte.[151] Die unmittelbaren Vorgänger von Papst Franziskus waren alle überzeugte Europäer, denen die Einheit Europas, das europäische Erbe und der daraus erwachsende bleibende Auftrag Europas am Herzen lagen.[152]

Als Bischof von Rom kann und will sich Papst Franziskus seiner europäischen Verantwortung nicht entziehen. Doch sein Blickwinkel ist ein anderer. Er kommt vom anderen Ende der Welt und betrachtet Europa von der Peripherie aus. Konsequent ist er als Bischof von Rom zuerst nach Lampedusa, dann in die ärmste Region Italiens, nach Sardinien, und ins ärmste Land Europas, nach Albanien, gereist. Von der Peripherie aus sieht er manches klarer und deutlicher als wir Europäer, die wir uns irgendwie noch immer im Zentrum des Weltgeschehens glauben. Von der Peripherie aus sieht Papst Franziskus die Krise Europas. Bei seinem Besuch der Gemeinschaft Sant'Egidio am 15. Juni 2014 sagte er:»Europa ist müde geworden, wir müssen ihm helfen, wieder jung zu werden und seine Wurzeln wiederzufinden.« Dabei erinnert er an den Geist des europäischen Projekts der Gründerväter Europas und den Willen, einen gemeinsamen Raum des Lebens und Zusammenlebens der Menschen und der Völker zu schaffen.

Den Eindruck eines müde gewordenen Europas äußerte Papst Franziskus auch bei seinem Besuch des Europäischen Parlaments und des Europarats am 25. November 2014 in Straßburg. Seit dem Besuch von Johannes Paul II. beim Europäischen Parlament vor einem Vierteljahrhundert im Jahr 1988 hat sich die Weltsituation grundlegend verändert. Damals stand noch die Berliner Mauer, und Europa war durch den eisernen Vorhang zweigeteilt. Seither ist die Welt komplexer und unübersichtlicher geworden.»Eine Welt, die immer stärker vernetzt und global und daher auch immer weniger ›eurozentrisch‹ ist. Einer ausgedehnteren, einflussreicheren Union scheint sich jedoch das Bild eines etwas gealterten und erdrückten Europas zuzugesellen, das dazu neigt, sich in einem

Kontext, der es oft nüchtern, misstrauisch und manchmal sogar argwöhnisch betrachtet, weniger als Protagonist zu fühlen.«[153]

Auch Papst Franziskus ist sich des großen Erbes Europas bewusst. Es ist die Idee der transzendenten Würde des Menschen als Person, wie sie auf der Grundlage der Griechen und Römer in der Geschichte des Christentums entwickelt wurde.[154] Dabei streicht Papst Franziskus nicht wie seine Vorgänger den Beitrag der Kirche und ihre bleibende Sendung zur Bewahrung dieses Erbes heraus. Er spricht auffällig wenig von der Kirche, dafür umso mehr vom Dienst am Wohl der Menschen. Er spricht von den Menschenrechten, mit deren Anerkennung sich die Kirche so lange schwergetan hat; er sagt, man dürfe sie nicht nur individuell, sondern müsse sie auch im Zusammenhang des Gemeinwohls verstehen. Er nennt die beiden grundlegenden Begriffe der christlichen Soziallehre, Subsidiarität und Solidarität.

Mit zwei Bildern versucht der Papst, die religiöse Dimension zu verdeutlichen. Er verweist auf den Disput zwischen Platon und Aristoteles in Raffaels Fresko *Die Schule von Athen* im Vatikan: »Der erste deutet mit dem Finger nach oben, zur Welt der Ideen … der zweite streckt die Hand nach vorne, auf den Betrachter zu, zur Erde, der konkreten Wirklichkeit.«[155] Das zweite Bild entstammt dem Gedicht *Il pioppo* (»Die Pappel«) des italienischen Poeten Clemente Rebora (1885–1957). Es beschreibt eine Pappel, die nach oben strebt und zugleich in der Erde verwurzelt ist.[156] Für den Papst weisen beide Bilder darauf hin, dass die Herausstellung der religiösen Dimension des Menschen nicht im Widerspruch steht zur legitimen Laizität der Kultur und des Staates. Er weiß, dass die Zeit vorbei ist, da die Kirche der einzige gesellschaftliche Bezugspunkt der Kultur war. Es bedarf einer neuen Art der christlichen Präsenz.[157]

Um diese neue Art christlicher Präsenz zu verdeutlichen, greift Papst Franziskus auf seinen prozesshaften Denkansatz zurück. Die Friedensordnung, welche die Gründerväter Europas anstrebten, muss in einem immer wieder neuen Bemühen verwirklicht werden, den Frieden zu wecken und den Frieden herbeizuführen. Um das Gut des Friedens zu gewinnen, darf man nicht von einer Ordnung ausgehen, welche anders Denkende und anders Lebende ausgrenzt, sondern muss an einer Friedensordnung arbeiten, die sie einzubeziehen sucht.

Der Papst nennt dafür zwei grundlegende Herausforderungen der Pluralität: »die Herausforderung der *Multipolarität* und die Herausforderung der *Transversalität*«.[158] Mit dem Begriff der »Multipolarität« plädiert er für ein Europa der Einheit in der Verschiedenheit, welche hegemoniale Vormachtstellung ausschließt und die kulturelle Verschiedenheit der Völker wie die der Religionen achtet. Wieder greift er auf das Bild des Polyeders zurück, in dem die Einheit des Ganzen die Besonderheit der verschiedenen Teile bewahrt. »Transversale Kommunikation« meint einen offenen, respektvollen und bereichernden Austausch zwischen den Generationen, zwischen Menschen und Gruppen verschiedener Herkunft und unterschiedlicher ethnischer, sprachlicher und religiöser Tradition in einem Geist gegenseitigen Verständnisses und gegenseitiger Achtung.

In dieser transversalen Kommunikation kann das Christentum heute neu seinen Platz finden. Im Grunde war Europa von Anfang an durch seine kommunikative dialogische Identität gekennzeichnet, die man auch als »exzentrische Identität« bezeichnen kann.[159] Das europäische Christentum hat im Laufe seiner Geschichte jüdische, griechisch-byzantinische, römische, keltische, germanische, slawische und arabisch-islamische Elemente der Kultur in sich aufgenommen und sich in kritisch-konstruktiver Weise anverwandelt. Auf dieser Grundlage haben schon Paul VI. und dann Johannes Paul II. das dialogische Verhältnis zwischen Kirche und moderner Welt bedacht, das dann vor allem Benedikt XVI. unter dem Gesichtspunkt von Glaube und Vernunft am Herzen lag.[160] Franziskus nimmt diese Überlegungen mit seiner Idee von der transversalen globalen Identität auf und stellt sie in die neue multipolare globale Perspektive, in der die Kirche ein wichtiger, aber nicht mehr der einzige kulturelle Bezugspunkt sein kann und Europa in neuer, nicht nur weltwirtschaftlicher, sondern auch geistiger und spiritueller Hinsicht ein *global player* sein muss. Wer genau hinzuhören versteht, merkt: Damit wird nicht nur das Ende der alten eurozentrischen Welt, sondern das Ende der konstantinischen Zuordnung und Symbiose von Kirche und weltlicher Macht exakt beschrieben, ohne den Weg in den feindlichen Dualismus beider im Säkularismus und Laizismus einzuschlagen.

»In dieser Perspektive ist der Beitrag zu verstehen, den das *Christentum* heute zur kulturellen und gesellschaftlichen europäischen Entwicklung im Rahmen einer rechten Beziehung zwischen Religion und Gesellschaft leisten kann. Aus christlicher Sicht sind Vernunft und Glaube, Religion und Gesellschaft berufen, einander zu erhellen, indem sie sich gegenseitig unterstützen und, falls nötig, sich wechselseitig von den ideologischen Extremismen läutern, in die sie fallen können. Die gesamte europäische Gesellschaft kann aus einer neu belebten Verbindung zwischen den beiden Bereichen nur Nutzen ziehen, sei es, um einem religiösen Fundamentalismus entgegenzuwirken, der vor allem ein Feind Gottes ist, sei es, um einer ›beschränkten‹ Vernunft abzuhelfen, die dem Menschen nicht zur Ehre gereicht.«[161]

Der Papst belässt es nicht bei abstrakten Prinzipien. Offen stellt er konkrete und oft recht unbequeme Fragen: nach den vielen arbeitslosen Jugendlichen, den alten Menschen und all den Armen und Schwachen, den Kindern. Besonders liegen ihm die Flüchtlinge am Herzen; sie sind Menschen, welche in ihrer Heimat keine Lebensmöglichkeit finden, aber als Neueuropäer Europa mit ihren Talenten auch bereichern können. Drastisch sagt er, das Mittelmeer dürfe nicht zu einem Friedhof werden. Schließlich

Zwölftes Kapitel

geht es ihm um die Bewahrung der natürlichen Grundlagen des Lebens, die unverträglich ist mit einer Wegwerfkultur und einem hemmungslosen Konsumismus und gerade von den Europäern einen neuen Lebensstil erfordert. Das sind unbequeme Worte, welche aktuelle Herausforderungen deutlich beim Namen nennen

Angesichts solcher Aufgaben fragt der Papst Europa: »Wo ist deine Kraft? Wo ist jenes geistige Streben, das deine Geschichte belebt hat und durch das sie Bedeutung erlangte? Wo ist dein Geist wissbegieriger Unternehmungslust? Wo ist dein Durst nach Wahrheit, den du der Welt bisher mit Leidenschaft vermittelt hast?«[162]

Papst Franziskus schließt den Besuch im Europäischen Parlament mit einem aufrüttelnden und Mut machenden Appell: »Es ist der Moment gekommen, den Gedanken eines verängstigten und in sich selbst verkrümmten Europas fallen zu lassen, um ein Europa zu erwecken und zu fördern, das ein Protagonist ist und Träger von Wissenschaft, Kunst, Musik, menschlichen Werten und auch Träger des Glaubens ist. Das Europa, das den Himmel betrachtet und Ideale verfolgt; das Europa, das auf den Menschen schaut, ihn verteidigt und schützt; das Europa, das auf sicherem, festem Boden voranschreitet, ein kostbarer Bezugspunkt für die gesamte Menschheit!«[163]

Ausblick:
Die Freude und die Hoffnung
des Evangeliums

Die große Mehrheit des Volkes Gottes und viele Menschen, die – mit Augustinus gesprochen – äußerlich draußen, in Wirklichkeit aber drinnen sind, sind fasziniert zu erfahren, wie Papst Franziskus es versteht, das Evangelium Jesu Christi im Heute der Kirche und der Welt gegenwärtig zu machen. Er tut das mit seiner kerygmatischen und oft prophetischen Sprache, mit seinen Gesten und seinem ganzen persönlichen, als authentisch empfundenen Stil. Damit bringt er Licht in den Alltag wie in die großen Menschheitsfragen von heute, in die Freuden und Ängste, die Hoffnungen und Sehnsüchte, die Nöte und das Elend, die Schuld und die Frage nach Barmherzigkeit, auf die wir alle angewiesen sind.

Papst Franziskus ist ein Mann der Begegnung. Er hat das Charisma, jeden, die Großen dieser Welt wie die vielen kleinen, unscheinbaren Menschen, von denen nie etwas in der Zeitung steht, anzusprechen. Er übermittelt seine Botschaft wohlwollend, aber nicht wohlfeil, einladend, aber nicht anbiedernd, jeden willkommen heißend und jeden geradezu umarmend und doch aufrüttelnd und oft unbequem. Dabei sind seine Reden immer ohne Aufgeregtheit; sie wollen herausfordern, haben jedoch absolut nichts Aufrührerisches und im durchschnittlichen Verständnis Revolutionäres an sich. Sie strahlen einen tiefen inneren Frieden, Freude, Hoffnung und Zuversicht aus.

So kann Papst Franziskus einer oft freudlosen und in sich verkrampften Welt die Freude des Evangeliums bezeugen. Er ist der Überzeugung, dass wir die nach unten ziehende Schwerkraft und die lähmende geistliche Schwerfälligkeit, die uns befallen hat, nur durch die Freude und den Schwung des Evangeliums überwinden können. Wenn ein Haus baufällig geworden ist, nützen Verschönerungsmaßnahmen im Innern nichts. Man muss zuerst die Fundamente sichern. Ähnlich muss die Kirche sich auf ihr ein für alle Mal gelegtes und im Heiligen Geist stets gegenwärtiges Fundament im Evangelium besinnen. Die Rückbesinnung auf die evangelische Armut kann neu zum Reichtum im Geist werden.

Papst Franziskus verkündet die immer gültige Botschaft des Evangeliums in ihrer ewigen Neuheit und Frische. Sie passt in keine vorgefertigte Schablone. Franziskus verbindet die Kontinuität zur großen Tradition der Kirche mit Erneuerung und immer wieder neuen Überraschungen. Dazu gehört auch die zum Widerspruch reizende Sperrigkeit des Programms einer armen Kirche für die Armen. Das ist kein liberales, es ist ein radikales Programm. Radikal, weil es an die Wurzel rührt und eine Revolution der Zärtlichkeit und der Liebe ist. In der Rede an die *Movimentos populares* spricht der Papst von einem Sturm der Liebe, welche allein in der Lage ist, die Welt von innen zu verwandeln. Die Revolution der Zärtlichkeit und der Liebe geschieht zwar mit Leidenschaft, aber ohne Gewalt, ohne Fanatismus und Ressentiment.

Bei einer solchen prophetischen Botschaft, die keine Rezepte gibt, sondern Anstöße vermittelt, bleiben freilich Fragen offen. Sie betreffen die Konkretheit des Programms. Muss die Kirche nicht über Appelle hinaus »konkrete« Politik, auch konkrete Kirchenpolitik betreiben? Läuft die Kirche sonst nicht Gefahr, abstrakt und irrelevant zu sein? Die Kirche ist ja nach ihrem eigenen Selbstverständnis eine göttlich-menschliche Einrichtung, die institutionelle Elemente und eine kluge und vorausschauende Kirchenpolitik mit einschließt. Wird Franziskus also wirklich eine große Reform anstoßen? Oder wird sein Pontifikat die Erwartungen enttäuschen? Das sind Fragen, die sich auch viele von denen stellen, die Papst Franziskus sehr gewogen sind.[164]

Zweifellos kann niemand ein Jahrhundertprogramm, wie es Papst Franziskus vorträgt, innerhalb der begrenzten Zeit eines Pontifikats verwirklichen. Das ist auch einem Papst menschenunmöglich. Papst Franziskus wird zwar wie bisher Schritt für Schritt einzelne Punkte seines Programms abarbeiten. Dabei wird es an Überraschungen nicht fehlen. Die Frage aber bleibt: Gelingt es dem Papst, wie es ihm vorschwebt, einen über dieses Pontifikat hinausreichenden, nicht mehr umkehrbaren Prozess anzustoßen? Oder wird das Pontifikat nur ein Zwischenspiel der Kirchengeschichte bleiben?

Menschlich sind diese Fragen nicht zu beantworten. Niemand kann die Zukunft voraussehen und dem Geist Gottes in die Karten schauen. Die Antwort hängt auch nicht allein vom Papst ab. Sie hängt ebenso davon ab, ob und wieweit die Mitarbeiter in der Römischen Kurie, die Ortskirchen, die Ordensgemeinschaften, die Bewegungen, die Verbände, die Theologischen Hochschulen und Fakultäten und viele einzelne Christen seine Impulse aufgreifen. Man kann sich nicht einfach im Sessel zurücklehnen und sagen: Warten wir mal, was der neue Papst bringt. Man muss sich schon selbst aus den Startlöchern herauswagen und auf den Weg machen und sich spurten. Jeder soll begreifen: »Ich bin eine Mission auf dieser Erde, und ihretwegen bin ich in dieser Welt« (EG 273).

Letztlich kann die Antwort auf die Botschaft des Evangeliums, das Franziskus auch in seiner ganzen Sperrigkeit und Provokation vorträgt und vorlebt, nur aus dem Glauben kommen. Sein Aktionsprogramm sind die Verheißungen in den Seligpreisungen der Bergpredigt. Im Glauben wissen wir, dass das in den Augen der Welt Schwache, ja Törichte des Evangeliums seine Stärke ist (1 Kor 1,21–25). Der Weg zur Osterfreude führt über das Kreuz. Die Kraft des Papstes ist darum »die schwache Kraft der christlichen Predigt, nicht das Angebot einer christlichen Ideologie«, noch weniger »einer christlichen Hegemonie«, die einen Glauben vorschreibt. Die Bekehrung und der Glaube vieler Einzelner »in einer Gemeinschaft ohne Grenzen ist eine Wirklichkeit, die in die Tiefe der Geschichte dringt und ihre Oberfläche erschüttert. Und dann ist die Geschichte voll von Überraschungen.«[165] Es ist eine Revolution der Zärtlichkeit und der Liebe.

Die Herausforderung dieses Pontifikats ist damit weit radikaler, als die meisten ahnen. Es ist eine Herausforderung für solche Konservative, welche sich nicht mehr von Gott überraschen lassen wollen und sich Reformen verweigern, wie für solche Fortschrittliche, die machbare konkrete Lösungen hier und jetzt erwarten. Die Revolution der Zärtlichkeit und der Liebe und die Mystik der offenen Augen könnte beide enttäuschen und am Ende doch Recht bekommen. Denn die »Freude des Evangeliums« hat eine Verheißung für sich, deren Realisierung innergeschichtlich nie voll in Erfüllung geht. Auch die Kirche wird immer eine Kirche nicht nur der Heiligen, sondern auch der Sünder sein, die immer wieder neu der Erneuerung bedarf. Nichts ist schlimmer als der Furor der Katharer, Inquisitoren und erbarmungslosen Rigoristen, die einer reinen Kirche der Vergangenheit nachtrauern, die es auch damals nicht gegeben hat, und der Eifer sich progressiv dünkender schwärmerischer Utopisten für eine reine und ideale Kirche der Zukunft, welche erbarmungslos mit dem gegenwärtigen Zustand ins Gericht geht.

Jenseits von reaktionärer Ideologie und schwärmerischer Utopie steht der christliche Realismus der Freude des Evangeliums. Seine eschatologische Hoffnungsbotschaft wird schon jetzt zeichenhaft und exemplarisch in meist unscheinbaren heiligen Männern und Frauen wirklich. Was der Papst vorschlägt, ist der demütige Weg gläubiger Menschen, die Kontinente verschieben und Berge versetzen können (Mt 17,19; 21,21). Ein bisschen Barmherzigkeit – so sagt er – kann die Welt verändern. Das ist die christliche Revolution der Revolution, wie sie gewöhnlich verstanden wird. Es ist Revolution im ursprünglichen Sinn des Wortes, die Rückkehr zum Ursprung des Evangeliums als Weg in die Zukunft, eine Revolution der Barmherzigkeit.

Abkürzungsverzeichnis

Texte des Zweiten Vatikanischen Konzils

AA   *Apostolicam actuositatem.* Dekret über das Apostolat
        der Laien

AG   *Ad gentes.* Dekret über die Missionstätigkeit der Kirche

CD   *Christus Dominus.* Dekret über die Hirtenaufgabe
        der Bischöfe

DV   *Dei Verbum.* Dogmatische Konstitution über die
        göttliche Offenbarung

GS   *Gaudium et spes.* Pastoralkonstitution über die Kirche in der Welt von heute

LG   *Lumen gentium.* Dogmatische Konstitution über die
        Kirche

NA   *Nostra aetate.* Erklärung über das Verhältnis der Kirche zu den nichtchristlichen Religionen

UR   *Unitatis redintegratio.* Dekret über den Ökumenismus

Andere Texte des kirchlichen Lehramts

CIC/1917 Corpus Iuris Canonici (1917)

CIC/1983 Codex Iuris Canonici (Codex des kanonischen Rechts [1983])

EN *Evangelii nuntiandi.* Apostolisches Schreiben Papst Pauls VI. über die Evangelisierung in der Welt von heute (1975)

EG *Evangelii gaudium.* Apostolisches Schreiben Papst Franziskus' über die Verkündigung des Evangeliums in der Welt von heute (2013)

DH *Denzinger-Hünermann.* Heinrich Denzinger, Enchiridion symbolorum definitionum et declarationum de rebus fidei et morum / Kompendium der Glaubensbekenntnisse und kirchlichen Lehrentscheidungen. Verbessert, erweitert, ins Deutsche übertragen und unter Mitarbeit von Helmut Hoping herausgegeben von Peter Hünermann, Freiburg i. Br. 44. Aufl. 2014.

Abkürzungsverzeichnis

Anmerkungen

[1] Eine erste Würdigung bei J.-H. Tück (Hg.), Der Theologen-papst. Eine kritische Würdigung Benedikts XVI., Freiburg i. Br. 2013; N. Diat, L'homme qui ne voulait pas être pape. Histoire secrète d'un règne, Paris 2014.

[2] M. Franco, C'era una volta un Vaticano. Perché la Chiesa sta perdendo peso in Occidente, Mailand 2010; M. Politi, Joseph Ratzinger. Crisi di un papato, Rom / Bari 2011 (dt. Benedikt. Krise eines Papstes, Berlin 2012).

[3] Zu dieser tieferen Dimension der Krise vgl. A. Riccardi, Franziskus – Papst der Überraschungen. Krise und Zukunft der Kirche, Würzburg 2014, bes. 25–29.

[4] Eine Zusammenfassung, welche Kardinal Jaime Ortega kurz nach der Wahl veröffentlichte, in: Papst Franziskus, »Und jetzt beginnen wir diesen Weg«. Die ersten Botschaften des Pontifikats, Freiburg i. Br. 2013, 122–124.

[5] Die Behauptung von A. Ivereigh (The Great Reformer. Francis and the Making of a Radical Pope, New York 2014, 354 f.), dass eine bestimmte Gruppe europäischer Kardinäle bei Kardinal Bergoglio für den Fall seiner Wahl schon im Vorhinein die Zustimmung erfragte, entbehrt jeder Grundlage.

⁶ Papst Franziskus, »Und jetzt beginnen wir diesen Weg« [vgl. oben Anm. 4], 24.

⁷ Papst Franziskus, »Und jetzt beginnen wir diesen Weg« [vgl. oben Anm. 4], 31. Ähnlich bei der Ansprache an das diplomatische Korps, ebd. 54 f.

⁸ Der Titel »Bischof von Rom« ist einer der ältesten Titel, welche für den Papst verwendet werden. Der Titel findet sich häufig bei Gregor dem Großen, im Unionsdekret des Konzils von Florenz, im Ersten Vatikanum und in der Konstitution *Lumen gentium* des Zweiten Vatikanums sowie im CIC/1917 und im CIC/1983. Auch die Bezeichnung *sedes apostolica* war ursprünglich auf die römische Gemeinde bezogen. Vgl. Y. Congar, Titel, welche für den Papst verwendet werden, in: Conc (D) 11 (1975) 538–544, hier: 538 f.

⁹ Papst Franziskus, »Und jetzt beginnen wir diesen Weg« [vgl. oben Anm. 4], 15; ebenso am folgenden Tag in der Predigt bei der Eucharistiefeier mit den Kardinälen, ebd. 17.

¹⁰ Papst Franziskus, Über Himmel und Erde. Jorge Bergoglio im Gespräch mit dem Rabbiner Abraham Skorka, München 2013, 17 f.

¹¹ Rede bei dem privaten Besuch einer evangelikalen Gemeinde in Caserta am 28. Juli 2014.

¹² Nur einige wenige Veröffentlichungen: S. Rubin / F. Ambrogetti, Papst Franziskus. Mein Leben – mein Weg. El Jesuita. Die Gespräche mit Jorge Mario Bergoglio, Freiburg i. Br. 2013; E. Piqué, Francesco. Vita e rivoluzione, Turin 2013 (erweiterte engl. Ausgabe: Pope Francis. Life and Revolution, Chicago 2014); A. R. Batlogg / N. Kuster, Franziskus. Der neue Papst

und sein Vorbild, München 2013; A. Riccardi, La Sorpresa di Papa Francesco Crisi e futuro della Chiesa, Mailand 2013 (dt. Papst der Überraschungen, Würzburg 2014 [vgl. oben Anm. 3]); J. Erbacher, Papst Franziskus. Aufbruch und Neuanfang, München 2013; P. Lunnel, Je m'appellerai François. Biographie, Paris 2013; P. Vallely, Pope Francis. Untying the knots, London 2013 (dt. Vom Reaktionär zum Revolutionär, Darmstadt 2014); L. Accattoli, Il vescovo di Roma. Gli esordi di Papa Francesco, Bologna 2014; V. M. Fernández in dialogo con P. Rodatori, Il progetto di Francesco. Dove vuole portare la Chiesa, Bologna 2014; R. Luise, Con le periferie nel cuore, Cinisello Balsamo 2014; B. Sorge, Gesù sorride. Con papa Francesco oltre la religione della paura, Mailand 2014; G. Vicini, Papa Francesco. La chiesa della misericordia, Cinisello Balsamo 2014; N. Scavo, Bergoglios Liste. Papst Franziskus und die argentinische Militärdiktatur. Freiburg i. Br. 2014; D. Deckers, Papst Franziskus. Wider die Trägheit des Herzens. Eine Biographie, München 2014; A. Ivereigh, The Great Reformer [vgl. oben Anm. 5]; J. Erbacher, Ein radikaler Papst. Die franziskanische Wende, München 2014 [nach Abschluss des Manuskripts erschienen].

[13] G. Ferrara / A. Gnocchi / M. Palmaro, Questo papa piace troppo. Un' appassionata lettura critica, Mailand 2014. Informativ und kritisch zu dieser Kritik: M. Politi, Francesco tra i lupi. Il segreto di una rivoluzione, Rom / Bari 2014.

[14] So der deutsche Buchtitel der Veröffentlichung von A. Riccardi: Franziskus – Papst der Überraschungen [vgl. oben Anm. 3].

[15] M. Hesemann, Das Vermächtnis Benedikts XVI. und die Zukunft der Kirche, München 2013.

[16] Auf Anfrage nennt er unter anderem: J. A. Jungmann, Die Frohbotschaft und unsere Glaubensverkündigung, Regensburg 1936; H. Rahner, Eine Theologie der Verkündigung, Freiburg i. Br. 1939.

[17] Dazu das Interview von Papst Franziskus mit A. Spadaro in: Civiltà cattolica 164 (2013) 453–457; dt. A. Spadaro SJ, Das Interview mit Papst Franziskus, Freiburg i. Br. 2013.

[18] K. Rahner, Das Dynamische in der Kirche (QD 5), Freiburg i. Br. 1958, 74–148; Über die Frage einer formalen Existenzialethik, in: ders., Schriften zur Theologie, Bd. 2, Einsiedeln 1955, 227–246.

[19] Johannes XXIII., Konstitution zur Einberufung des Zweiten Vatikanischen Konzils *Humanae salutis* (1961), Enzyklika *Mater et Magistra* (1961) und *Pacem in terris* (1963); GS 4, 10 f, 22 u. a. Theologisch grundgelegt durch M.-D. Chenu, Les signes des temps, in: Y. Congar / M. Peuchmaurd (Hg.), L'Église dans le monde de ce temps. Constitution Pastorale ›Gaudium et Spes‹, Paris 1967, Bd. 2, 205–225.

[20] Dazu zusammenfassend: W. Kasper, Katholische Kirche. Wesen – Wirklichkeit – Sendung, Freiburg i. Br. 2011, 452–454 und 567 Anm. 133–135.

[21] Die Theorie vom Paradigmenwechsel geht auf T. S. Kuhn, Die Struktur wissenschaftlicher Revolutionen, Frankfurt a. M. 1967, zurück. Gemeint ist der Wechsel der Rahmenbedingungen und der Perspektive einer Theorie, der den Inhalt der früheren Theorie nicht aufhebt, sondern sie in einen größeren

Zusammenhang rückt. Selbstverständlich kann diese von der Geschichte der Naturwissenschaften abgeleitete Theorie auf die Theologiegeschichte nur analog angewandt werden.

[22] Johannes XXIII., Enzyklika *Mater et magistra* (1961), 236.

[23] Vgl. G. Gutiérrez, Aparecida und die vorrangige Option für die Armen, in: G. L. Müller, Armut. Die Herausforderung für den Glauben, München 2014, 138–145; G. Whelan, Evangelii gaudium come »Teologia contestuale«. Aiutare la Chiesa ad »alzarsi al livello dei suoi tempi«, in: H. M. Yáñez (Hg.), Evangelii gaudium: Il testo ci interroga. Chiavi di lettura, testimonianze e prospettive, Rom 2014, 23–38.

[24] J. H. Newman, An Essay on the Development of Christian Doctrine, London 1845; dt. Über die Entwicklung der Glaubenslehre (Ausgewählte Werke Bd. 8), Mainz 1969. Vgl. auch Y. Congar, Vraie et fausse réforme dans l'Église, Paris 1950; La tradition et les traditions, Paris Bd. I 1960; Bd. II 1963.

[25] Dazu vor allem D. Deckers, Papst Franziskus [vgl. oben Anm. 12], 23–52.

[26] J. Bergoglio, Gott im Zentrum der Stadt. Pastorale Akzente, Vallendar 2014; Franziskus, *Evangelii gaudium* 71–75; Ansprache an den internationalen Kongress zur Großstadtpastoral am 27. November 2014.

[27] P. Sudar, L. Gera u. a. (Hg.), Evangelización, liberación y reconciliación. Hacia la »Nueva evangelización«, Buenos Aires 1988; J. C. Scannone, La filosofía de la liberación: Caracteristicas, corrientes, etapes, Stromata 48 (1982) 3–401; M. Sievernich (Hg.), Impulse der Befreiungstheologie für Europa, München / Mainz 1988; I. Ellacuría / J. Sobrino (Hg.), Mysterium Liberationis. I

concetti findamentali della teologia della liberazione, Rom 1992. Die lehramtliche Kritik durch die Instruktion *Libertatis nuntius* (1984) betrifft einzelne Aspekte der Befreiungstheologie, nicht diese insgesamt. Vor allem hinsichtlich der Position des von mir auch persönlich geschätzten und nie zensurierten G. Gutiérrez wird die Kritik neuerdings wesentlich relativiert; vgl. G. L. Müller, Armut. Die Herausforderung für den Glauben [vgl. oben Anm. 23].

[28] Die gesammelten Werke von L. Gera: Escritos teológico-pastorales, hg. von V. Szcuy, C. M. Galli, M. González, J. C. Caamano, 2 Bde., Buenos Aires 2006/2007. Vgl. R. Ferrara / C. M. Galli (Hg.), Presente y futuro de la teologia en Argentina. Homenaje a Lucio Gera, Buenos Aires 1997; Evangelisierung und Förderung des Menschen, in: P. Hünermann / J. C. Scannone (Hg.), Lateinamerika und die katholische Soziallehre, Bd. 1, Mainz 1989, 245–299. Vgl. M. Eckholt, »... bei mir erwächst die Theologie aus der Pastoral«. Lucio Gera – ein »Lehrer in Theologie« von Papst Franziskus, in: StZ 232 (2014), 157–172.

[29] Dieser Unterschied wird in dem von I. Ellacuría und J. Sobrino herausgegebenen Band Mysterium Liberationis [vgl. oben Anm. 27], 132, vermerkt, was offenbar zur Konsequenz hatte, dass diese Richtung im weiteren Verlauf der Darstellung keine Rolle mehr spielt.

[30] Vgl. das Interview mit A. Spadaro [vgl. oben Anm. 17]. Zum Krausismo vgl. die Veröffentlichung der Friedrich-Ebert-Stiftung: El Krausismo y su influencia en América Latina, Madrid 1989.

[31] Dazu ausführlich D. Deckers, Papst Franziskus [vgl. oben

Anm. 12], 31; 53–65 u. ö. Die These von P. Vallely, wonach sich Jorge Bergoglic / Papst Franziskus vom Reaktionär zum Revolutionär entwickelt hat [vgl. oben Anm. 12], ist darum kritisch infrage zu stellen. Zum Verhalten des damaligen Provinzials Jorge Bergoglio während der Militärdiktatur: N. Scavo, Bergoglios Liste [vgl. oben Anm. 12].

[32] Diese Hinweise verdanke ich Peter Hünermann. Auch E. Biser, Glaubensprognose. Orientierung in postsäkularistischer Zeit, Graz 1991, 275; 277 macht auf diese Zusammenhänge aufmerksam.

[33] Das hat E. Bolis, Direktor der »Fondazione Giovanni XXIII« in Bergamo, anhand der bisher oft wenig oder nicht bekannten Quellen schön herausgestellt: Solo un »Papa buono«? Spiritualità di Giovanni XXIII. Mailand 2014. Schon G. Alberigo, Johannes XXIII. Leben und Wirken des Konzilspapstes, Mainz 2000, hat Merkmale des auch für Papst Franziskus bezeichnenden evangelischen Stils wie die Betonung von Milde und Barmherzigkeit deutlich gemacht.

[34] J. Ernesti, Paul VI. Der vergessene Papst, Freiburg i. Br. 2012; U. Nersinger, Paul VI. – ein Papst im Zeichen des Widerspruchs, Aachen 2014; X. Toscani, Paolo VI. Una biografia, Brescia 2014.

[35] Die Civiltà cattolica hat einen aufschlussreichen Beitrag über die Bibliothek des Papstes veröffentlicht, vgl. A. Spadaro, La Biblioteca di Papa Francesco, in: Civiltà cattolica 165 (2014) 489–498. Vgl. auch I. Baumer, Auf den Spuren von Michel de Certeau, in: StZ 139 (2014) 86–96.

[36] Papst Franziskus, Enzyklika Lumen fidei (2013) 57.

[37] Vgl. Art. Evangelium, in: LThK 3 (1995) 1058–633 und RGG 2 (1999) 1735–42. Zur Bedeutung und zur Bedeutungsgeschichte: W. Kasper, Dogma unter dem Wort Gottes, Mainz 1965, 7–24; 71–98; Das Evangelium Jesu Christi (WKGS 5), Freiburg i. Br. 2009, 254–272.

[38] Thomas von Aquin, Summa theologiae II/II q. 35; J. Pieper, Muße und Kult (1948), München 2007, 81–85; Art. Acedia, in: RAC 1 (1950) 62 f; LThK 1 (1993) 109 f.

[39] F. Nietzsche, Also sprach Zarathustra, Friedrich Nietzsche Werke Bd. 2, hg. von K. Schlechta, 284 f. Vgl. S. Kierkegaard, Der Begriff der Angst (1844); Die Krankheit zum Tode (1849); R. Guardini, Vom Sinn der Schwermut, in: Unterscheidung des Christlichen (1935); M. Heidegger, Sein und Zeit (1927), J. P. Sartre, La Nausée (1938).

[40] P. W. Keppler, Mehr Freude, Freiburg i. Br. 1909.

[41] Thomas von Aquin, Summa theologiae II/II q. 28a. 1 c. a.

[42] Vgl. die Einleitung zur ersten, nicht bestätigten wie zur endgültigen Regel und das Testament des hl. Franziskus. Vgl. Die Schriften des heiligen Franziskus von Assisi, hg. von K. Esser und L. Hardick, Werl 1972, 51; 80; 95.

[43] Thomas von Aquin, Summa theologiae I/II q. 106 a. 1 und 2. Zum Hintergrund der damaligen evangelischen Bewegung vgl. M.-D. Chenu, Das Werk des Hl. Thomas von Aquin, Deutsche Thomas-Ausgabe, 2. Erg. Bd. (1982) 39–46.

[44] Luther WA 12,259 ff.; ähnlich Calvin, Institutio II, 9, 2. Vgl. O. H. Pesch, Theologie der Rechtfertigung bei Martin Luther und Thomas von Aquin. Versuch eines systematisch-theologischen Dialogs, Mainz 1967.

[45] H. Denzinger, Enchiridion symbolorum definitionum et declarationum de rebus fidei et morum ed. Peter Hünermann, Freiburg i. Br. 44. Aufl. 2014, Nr. 1501 (DH 1501).

[46] Conciliorum oecumenicorum decreta curantibus J. Alberigo e. a., consultante H. Jedin, ed. Istituto per le scienze religiose Bologna, Paderborn u. a. 3. Auflage 1973, 643–646.

[47] Vgl. E. Bolis, Solo un »Papa buono«? [vgl. oben Anm. 33], 27–29.

[48] Enchiridion della nuova evangelizzazione. Testi del Magistero pontificio e conciliare 1939–2012, ed. Pont. Consiglio per la Promozione della nuova evangelizzazione, Vatikanstadt 2012.

[49] Ph. Jenkins, Die Zukunft des Christentums. Eine Analyse der weltweiten Entwicklung im 21. Jahrhundert, Gießen 2006; J. Allen, Das neue Gesicht der Kirche. Die Zukunft des Katholizismus, Gütersloh 2010; G. Weigel, Evangelical Catholicism. Deep Reform in the 21 Century Church, New York 2013.

[50] Vgl. A. von Harnack, Das Wesen des Christentums, bezeichnenderweise exakt im Jahr 1900 veröffentlicht.

[51] Vgl. W. Kasper, Dogma unter dem Wort Gottes [vgl. oben Anm. 37], 71–80.

[52] Vgl. U Valeske, Hierarchia veritatum, München 1968; Y. Congar, La »Hierarchia veritatum«, in: Diversités et communion, Paris 1982, 184–197.

[53] Thomas von Aquin, Summa theologiae II/II q. 1 a 6.

[54] Zur Lehre des Thomas von Aquin vom einschlussweisen Glauben (*fides implicita*) vgl. den Exkurs in der Deutschen Thomasausgabe, Bd. 15, München / Salzburg 1950, 431–437.

[55] Vgl. Thomas von Aquin, Summa theologiae I/II q. 66 a. 4–6; zit. EG 37.

[56] Luthers Vorrede zum Jakobusbrief, in: Luthers Vorreden zur Bibel, hg. von H. Bornkamm, Göttingen ³1989, 215–218. Daraus wurde später in der lutherischen und reformierten Orthodoxie die Lehre von den Fundamentalartikeln. Vgl. Art. Fundamentalartikel, in: TRE 11 (1983) 712–738, LThK 4 (1995) 223 und RGG 2 (2000) 412–414; ähnlich im Anglikanismus das Chicago-Lambeth-Quadrilateral (1888).

[57] Gut herausgestellt von H. M. Yáñez, Tracce di lettura dell'Evangelii gaudium, in: ders. (Hg.), Evangelii gaudium: Il testo ci interroga [vgl. oben Anm. 23], 9–20.

[58] Papst Franziskus »Und jetzt beginnen wir diesen Weg« [vgl. oben Anm. 4], 36–35; 37 f. u. ö.

[59] Chr. Schönborn, Wir haben Barmherzigkeit gefunden. Die Botschaft des göttlichen Erbarmens, Freiburg i. Br. 2009; E. Olk, Die Barmherzigkeit Gottes als zentrale Quelle des christlichen Lebens, St. Ottilien 2011; W. Kasper, Barmherzigkeit. Grundbegriff des Evangeliums – Schlüssel christlichen Lebens, Freiburg i. Br. 2012.

[60] Thomas von Aquin, Summa theologiae I, q. 21 a. 3 f; q. 25 a. 3 ad 3.

[61] Y. Congar, La miséricorde. Attribut souverain de Dieu, in: Vie spirituelle 106 (1962) 380–395.

[62] Thomas von Aquin, Summa theologiae I/II q. 107 a. 4.

[63] Johannes XXIII, Il Giornale dell'anima (hg. von L. F. Capovilla), Cinisello Balsamo 2000, 452.

[64] Vgl. H. Buob, Die Barmherzigkeit Gottes und der Men-

schen. Heilmittel für Seele und Leib. Nach dem Tagebuch der Schwester Faustyna, Fremdingen 2000.

[65] Vgl. D. Bonhoeffer, Die teure Gnade, in: ders., Nachfolge. Hg. von M. Kuske und I. Tödt (DBW 4), München 1989, 29–43; W. Kasper, Barmherzigkeit [vgl. oben Anm. 59], 145–148.

[66] Dazu W. Kasper, Barmherzigkeit [vgl. oben Anm. 59], 90–94; 222 Anm. 12 f. (Literaturhinweise).

[67] Dazu W. Kasper, Barmherzigkeit [vgl. oben Anm. 59], 133–145.

[68] A. Dulles, Models of the Church, Dublin 1974.

[69] Das hat Y. Congar anhand von vielen geschichtlichen Belegen herausgestellt: Kirche als Volk Gottes, in: Conc (D) 1 (1965) 5–16; »Ecclesia et populus (fidelis)« dans l'ecclésiologie de Saint Thomas, in: Église et Papauté, Paris 2002, 211–227.

[70] W. Kasper, Katholische Kirche [vgl. oben Anm. 20], 180–187.

[71] Vgl. dazu W. Kasper, Katholische Kirche [vgl. oben Anm. 20], 181.

[72] J. C. Scannone, La teologia di Francesco, in: Il Regno 58 (2013) 128; La Teologia argentina del Pueblo y la Pastoral di Papa Francisco, 2014; J. Xavier, Spalancando il dinamismo ecclesiale. L'identità ritrovata, in: H. M. Yáñez (Hg.), Evangelii gaudium: Il testo ci interroga [vgl. oben Anm. 23], 39–52; D. Vitale, Una chiesa di popolo. Il sensus fidei come principio dell'evangelizzazione, in: ebd. 53–66; Papa Francesco, La chiesa della misericordia (hg. von G. Vigini), Vatikanstadt 2014.

[73] Johannes XXIII. Enzyklika. *Pacem in terris* (1963) 22; vgl. GS 9.

[74] EG 103 zitiert: Kompendium der Soziallehre der katholi-

schen Kirche. Hg. vom Päpstlichen Rat für Gerechtigkeit und Frieden (dt. Ausgabe: Freiburg im Breisgau 2006).

[75] Der Papst beruft sich für diese Position auf Johannes Paul II, Nachsynodales Apostolisches Schreiben *Christifideles laici* (1988) 51 und auf die Erklärung der Glaubenskongregation *Inter insigniores* (1976).

[76] J. H. Newman, On Consulting the Faithful in Matters of Doctrine (1859); dt. Ausgewählte Werke, Bd. 4, Mainz 1959, 255–292.

[77] P. Hünermann, Art. *Sensus fidei*, in: LThK IX (2000) 465–467.

[78] So J. Xavier, Spalancando il dinamismo ecclesiale [siehe oben Anm. 72], 50 f. Zum Problem allgemein: G. Bonfrate, La »porta aperta dei sacramenti, in: H. M. Yáñez, Evangelii gaudium: Il testo ci interroga [siehe oben Anm. 23], 81–93.

[79] Vgl. W. Kasper, Das Evangelium von der Familie, Freiburg i. Br. 2014, 8; 62–67; 74 f.

[80] Zum theologischen Wahrheitsverständnis: W. Kasper, Dogma unter dem Wort Gottes [vgl. oben Anm. 37]; Die Kirche als Ort der Wahrheit, in: Theologie im Diskurs (WKGS 6), Freiburg i. Br. 2014, 72–91; Das Wahrheitsverständnis der Theologie, in: Theologie im Diskurs (WKGS 6), 92–120; Katholische Kirche [vgl. oben Anm. 20], 30–36; 39–41; 373–379.

[81] Aus der Fülle der Literatur sei nur auf die beiden in der Argumentation etwas verschiedenen, aber in ihrer Offenheit grundsätzlich übereinkommenden exegetischen Beiträge von D. Markl und Th. Söding verwiesen, in: M. Graulich / M. Seidnader (Hg.), Zwischen Jesu Wort und Norm. Kirchliches Handeln angesichts von Scheidung und Wiederheirat (QD 264), Freiburg i. Br. 2014.

[82] Papst Franziskus, »Und jetzt beginnen wir diesen Weg« [vgl. oben Anm. 4], 122–124.

[83] Art. Geduld, in: LThK 4 (1995) 339 f.; Oikonomie, in: LThK 7 (1998) 1014–16, Paideia, in: LThK 7 (1998) 1272 f.

[84] Vgl. oben Kap. 2 Anm. 18; Kap. 5 (Modell der Spiritualität des II. Vatikanischen Konzils).

[85] J. B. Metz, Mystik der offenen Augen. Wenn Spiritualität aufbricht, Freiburg i. Br. 2011. Ähnlich T. Halík, Berühre die Wunden. Über Leid, Vertrauen und die Kunst der Verwandlung, Freiburg i. Br. 2014.

[86] Die Unverzichtbarkeit der Mariologie für die Ekklesiologie hat G. Greshake neu eingeschärft in seinem jüngsten Werk: Maria-Ecclesia. Perspektiven einer marianisch grundierten Theologie und Kirchenpraxis, Regensburg 2014.

[87] Das Motiv der Zartheit und Zärtlichkeit findet sich auch an anderen Stellen: EG 270; 274; 279; 286.

[88] Vgl. dazu oben Anm. 8.

[89] Ignatius von Antiochien, Brief an die Römer, Prooemium; vgl. oben Anm. 8.

[90] H. de Lubac, Méditations sur l'Église, Paris 1952. Zur Communio-Ekklesiologie: W. Kasper, Katholische Kirche [vgl. oben Anm. 20], 45–48; 122–129; 225–238.

[91] Schreiben der Glaubenskongregation über einige Aspekte der Kirche als communio (1992) 9. Vgl. dazu W. Kasper, Katholische Kirche [vgl. oben Anm. 20], 387–392.

[92] Johannes Paul II., Enzyklika Ut unum sint (1995) 95; Ansprache von Benedikt XVI. bei seinem Besuch im Phanar am 30. November 2006. Papst Franziskus scheint dabei Anliegen

von Erzbischof J. R. Quinn aufzunehmen: The Reform of the Papacy. The Costly Call to Christian Unity, New York 1999 (vgl. K. Rahner und P. Hünermann, Die Reform des Papsttums (QD 188), Freiburg i. Br. 2001).

[93] Vgl. W. Kasper, Katholische Kirche [vgl. oben Anm. 20], 382–387.

[94] Vgl. das Interview von Papst Franziskus mit A. Spadaro in: Civiltà cattolica 164 (2013) [vgl. oben Anm. 17] 466.

[95] Irenäus von Lyon. Adversus haereses IV, 26, 2.

[96] Auch diese Idee ist nicht einfach neu. M. Seckler hat sie schon bei dem Vater der neuzeitlichen theologischen Methodenlehre, bei Melchior Cano nachgewiesen: Die ekklesiologische Bedeutung des Systems der ›loci theologici‹. Erkenntnistheoretische Katholizität und strukturale Weisheit, in: Die schiefen Wände des Lehrhauses. Katholizität als Herausforderung, Freiburg i. Br. 1988, 79–104.

[97] J. A. Möhler, Die Einheit in der Kirche oder das Prinzip des Katholizismus (1825). Hg. von J. R. Geiselmann, Köln 1957, 237.

[98] Papst Franziskus, »Und jetzt beginnen wir diesen Weg« [vgl. oben Anm. 4], 47–50. R. Burigana, Un cuore solo. Papa Francesco e l'unità della Chiesa. Prefazione del Cardinale Kasper, Mailand 2014. Vgl. W. Kasper, Die ökumenische Vision von Papst Franziskus, in: G. Augustin / M. Schulze, Wege zur Erneuerung des Glaubens (Festschrift für K. Kardinal Koch), Freiburg i. Br. 2015.

[99] Für eine ausführlichere Beschreibung der Situation: W. Kasper, Vorwort: Einheit – damit die Welt glaubt, in: ders., Wege

zur Einheit der Christen. Schriften zur Ökumene I (WKGS 14),
Freiburg i. Br. 2012, 17–34.

[100] Eine Anerkennung der Mitschuld an der Reformation hat
schon Papst Hadrian VI. beim Nürnberger Reichstag 1522 ausgesprochen, eine Vergebungsbitte Papst Paul VI. bereits bei der
Eröffnung der zweiten Session des Zweiten Vatikanischen Konzils 1963. Zu den Versöhnungsworten und Versöhnungsgesten
von Papst Johannes Paul II. vgl. das Dokument der Internationalen Theologenkommission: *Erinnern und Versöhnen. Die Kirche und die Verfehlungen in ihrer Vergangenheit* (2000).

[101] Dazu Papst Franziskus, Über Himmel und Erde [vgl. oben
Anm. 10], 226.

[102] Papst Franziskus, Über Himmel und Erde [vgl. oben
Anm. 10], 223 f. zu O. Cullmann, Einheit durch Vielfalt. Grund-
legung und Beitrag zur Diskussion über die Möglichkeiten ihrer Verwirklichung, Tübingen 1986. Dazu J. Ratzinger, Zum
Fortgang der Ökumene (JRGS 8/2), Freiburg i. Br. 2010, 734–736.

[103] W. Kasper, Wege zur Einheit der Christen. Schriften zur
Ökumene I (WKGS 14), Freiburg i. Br. 2012, 222–233; 361–364
(mit Blick auf J. S. Drey und J. A. Möhler).

[104] H. Meyer, Versöhnte Verschiedenheit. Aufsätze zur ökumenischen Theologie, Bd. 1, Frankfurt a. M. / Paderborn 1998,
101–119.

[105] Dokument der orthodox / römisch-katholischen Dialog-
kommission, *Das Geheimnis der Kirche und der Eucharistie im
Licht des Geheimnisses der Heiligen Dreifaltigkeit* (1982), 11–14;
in: Dokumente wachsender Übereinstimmung, Bd. 2, Paderborn / Frankfurt a. M. 1992, 537–539.

[106] Das Bild des Polyeders wird in *Evangelii gaudium* nur allgemein beschrieben, aber bei der Begegnung mit einer pfingstkirchlichen Gemeinde in Caserta am 28. Juli 2014 als Beschreibung der ökumenischen Einheit gebraucht.

[107] Johannes Paul II., Enzyklika *Ut unum sint* (1995); Gedächtnisfeier für die Zeugen des Glaubens im 20. Jahrhundert am 7. Mai 2000; Apostolisches Schreiben *Novo millennio ineunte* (2001) 7.

[108] Tertullian, Apologeticum 50,13. Vgl. W. Kasper, Ökumene der Märtyrer. Theologie und Spiritualität des Martyriums, Edition Schönblick, Norderstedt 2013.

[109] Ausführliche Beiträge zu diesen Themen bei H. M. Yáñez (Hg.), Evangelii gaudium: Il testo ci interroga [vgl. oben Anm. 23].

[110] Hinzuweisen ist auf die Konzilserklärung über das Verhältnis der Kirche zu den nichtchristlichen Religionen *Nostra aetate*; auf die einschlägigen Kapitel der Pastoralkonstitution *Gaudium et spes* 40–45; 53–62. Vgl. auch die Schriften der Internationalen Theologenkommission: *Das Christentum und die Religionen* (1997); *Der Dreifaltige Gott. Einheit der Menschheit. Der christliche Monotheismus gegen die Gewalt* (2014).

[111] Papst Franziskus, »Und jetzt beginnen wir diesen Weg« [vgl. oben Anm. 4], 51 f.

[112] Botschaft zum Weltfriedenstag 2014.

[113] Zum jüdisch-christlichen Dialog: Papst Franziskus, Über Himmel und Erde [vgl. oben Anm. 10]; Ansprache an das Internationale Jüdische Komitee für internationale Beziehungen am 24. Juni 2013.

[114] Begegnung mit den Bischöfen Asiens am 17. August 2014.

[115] Predigt bei der Seligsprechung von Paul Yun Ji-Chung und 123 Gefährten am 16. August 2014.

[116] Papst Franziskus, »Und jetzt beginnen wir diesen Weg« [vgl. oben Anm. 4], 31. Ähnlich bei der Ansprache an das diplomatische Korps, ebd. 54 f.; EG 198.

[117] Die Texte sind zusammengestellt bei Th. Laubach / St. Wahl (Hg.), Arme Kirche? Die Botschaft des Papstes in der Diskussion (Theologie kontrovers), Freiburg i. Br. 2014, 13–34; A. Buckenmaier / L. Weimer (Hg.), A Poor People of God for the Poor in the World? The Challenge of Pope Francis, Vatikanstadt 2014.

[118] J. Alt, Eine arme Kirche für die Armen, in: StZ 139 (2014) 361 f; Th. Laubach / St. Wahl (Hg.), Arme Kirche? [vgl. oben Anm. 117], 49–54; H. M. Yáñez, L'opzione preferenziale per i poveri, in: ders. (Hg.), Evangelii gaudium: Il testo ci interroga [vgl. oben Anm. 23], 249–260.

[119] Das hat bereits G. Gutiérrez, Aparecida und die vorrangige Option für die Armen [vgl. oben Anm. 23], 144–166 klar herausgestellt. Vgl. die eingehende Analyse der Texte von Papst Franziskus bei Th. Laubach / St. Wahl (Hg.), Arme Kirche? [vgl. oben Anm. 117], 37–45.

[120] M.-D. Chenu, »L'Église des pauvres« à Vatican II, in: Conc 124 (1977) 75–80.

[121] Der deutsche Text des Katakombenpaktes in: Conc (D) 13 (1977) 262–263. Dazu Th. Fornet-Ponse, Für eine arme Kirche. Der Katakombenpakt von 1965 als Beispiel der Entweltlichung in: StZ 230 (2012) 651–661; L. Bettazzi, Das Zweite Vatikanum.

Neustart der Kirche aus der Wurzel des Glaubens, Würzburg 2012.

[122] R. Morozzo della Rocca (Hg.), Oscar Romero. Un vescovo centroamericano tra guerra fredda e rivoluzione, Cinisello Balsamo 2003.

[123] Aparecida 2007. Schlussdokument der 5. Generalversammlung des Episkopats von Lateinamerika und der Karibik (Stimmen der Weltkirche, 41), 2007, Nr. 8. 3.

[124] EG 25; 83; 122; 124.

[125] Johannes Paul II, Enzyklika *Sollicitudo rei socialis* (1987) 42; *Centesimus annus* (1991) 57; Apostolisches Schreiben *Tertio millennio adveniente* (1994) 51; *Novo millennio ineunte* (2001), 49. Papst Benedikt in seiner Eröffnungsansprache in Aparecida am 13. Mai 2007. Vgl. Art. Option für die Armen, in: LThK 6 (1998) 1078.

[126] J. Erbacher, Entweltlichung der Kirche? Freiburg i. Br. 2012.

[127] K. Rahner, Theologie der Armut, in: ders., Schriften zur Theologie, Bd. 7, Einsiedeln 1966, 435–478.

[128] D. Bonhoeffer, Widerstand und Ergebung. Briefe und Aufzeichnungen aus der Haft. Hg. von E. Bethge u. a. (DBW 8), Gütersloh 1998, 560 f. Ähnlich A. Delp, Im Angesicht des Todes, Frankfurt a. M. 1961, 139 f.

[129] Gemeinsame Synode der Bistümer in der Bundesrepublik Deutschland, Freiburg i. Br. 1976, 105; 109 f. Vgl. J. B. Metz, Zeit der Orden? Zur Mystik und Politik der Nachfolge, Freiburg i. Br. 1977, 48–63; ders., Gottespassion. Zur Ordensexistenz heute, Freiburg i. Br. 1991, 25–30.

[130] K. Rahner, Die Unfähigkeit zur Armut in der Kirche, in:

Schriften zur Theologie, Bd. 10, Einsiedeln 1972, 520–530. Aus französischer Perspektive: Y. Congar, Für eine dienende und arme Kirche, Mainz 1965; Die Armut im christlichen Leben inmitten einer Wohlstandsgesellschaft, in: Conc (D) 2 (1966) 343–354.

[131] Th. Schmidt, Kirche im Auf-Bruch, in: Th. Laubach / St. Wahl (Hg.), Arme Kirche? [vgl. oben Anm. 117], 143–151.

[132] P. Hünermann / J. C. Scannone (Hg.), Lateinamerika und die katholische Soziallehre. Ein deutsch-lateinamerikanisches Dialogprogramm, 3 Bde., Mainz 1989–93. Neuere Beiträge von S. Bernal, D. Alonso-Lasheras, H. M. Yáñez in: H. M. Yáñez (Hg.), Evangelii gaudium: Il testo ci interroga [vgl. oben Anm. 23]. Eine differenzierte Stellungnahme bei I. Pies, Papst Franziskus – kein Gegner des Marktes. Eine wirtschaftsethische Stellungnahme zu »Evangelii gaudium«, in: StZ 139 (2014) 233–242.

[133] Th. Laubach / St. Wahl (Hg.), Arme Kirche? [vgl. oben Anm. 117], 36. Die Zitate aus deutschen Medien werden von D. Alonso-Lasheras durch solche aus der internationalen Presse erweitert; vgl. den Beitrag von D. Alonso-Lasheras, in: H. M. Yáñez (Hg.), Evangelii gaudium: Il testo ci interroga [vgl. oben Anm. 23].

[134] Spöttisch hat man auch von einer Pferdeäpfel-Theorie gesprochen: Man muss dem Pferd nur genügend Hafer geben, dann fällt viel auf den Boden und die Spatzen haben etwas aufzupicken.

[135] Ronald Reagan, 1911–2004, Präsident der Vereinigten Staaten 1981–1989.

[136] EG 62; 145; 178; 182; 184; 190; 196; 198 ; 219; 221.

[137] Päpstlicher Rat für Gerechtigkeit und Frieden, Kompendium der Soziallehre der Kirche; EG 182 f; 190; 221; 240.

[138] Zur Arbeit als Schlüssel der sozialen Fragen: Johannes Paul II., Enzyklika *Laborem exercens* (1981).

[139] Art. Gastfreundschaft, in: LThK 4 (1995) 299–301.

[140] Pius XII., Apostolische Konstitution *Exul familia* (1952); Johannes XXIII, Enzyklika *Pacem in terris* (1963) 12; 57; Paul VI. Apostolisches Schreiben *Octogesima adveniens* (1971) 17.

[141] R. M. Micallef, Il ritorno del linguaggio profetico sul tema dell'immigrazione, in: H. M. Yáñez (Hg.), Evangelii gaudium: Il testo ci interroga [vgl. oben Anm. 23], 235–247.

[142] Johannes Paul II., Enzyklika *Centesimus annus* (1991) 42.

[143] Benedikt XVI., Enzyklika *Caritas in veritate* (2009) 6.

[144] Benedikt XVI., Enzyklika *Caritas in veritate* 2 (zit. EG 205). Vgl. W. Kasper, Barmherzigkeit [vgl. oben Anm. 59], 187 f.

[145] EG 189; 183; 219; 288 u. a. Sehr ausführlich etwa in der Rede bei der Welternährungsorganisation (FAO) am 20. November 2014 sowie in den Reden vor dem Europaparlament und vor dem Europäischen Rat am 25. November 2014.

[146] Dieser Vorwurf wird durch die Rede an die Vereinigung italienischer Ärzte vom 15. November 2014 widerlegt.

[147] P. Xalxo, Le orme ecologiche della nuova evangelizzazione, in: H. M. Yáñez (Hg.), Evangelii gaudium: Il testo ci interroga [vgl. oben Anm. 23], 261–274.

[148] Papst Benedikt XVI., Enzyklika *Caritas in veritate* (2009), 48; Botschaft zum Welttag des Friedens 2010: »Willst du den Frieden befördern, dann bewahre die Schöpfung.«

[149] Papst Franziskus, »Und jetzt beginnen wir diesen Weg« [vgl. oben Anm. 4], 42–46; vgl. EG 215.

[150] Vgl. J. M. Bergoglio / Francesco, La bellezza educherà il mondo. Postfazione di V. Andreoli, Bologna 2014; J. M. Bergoglio / Papst Franziskus, Erziehen mit Anspruch und Leidenschaft, Freiburg i. Br. 2014.

[151] Th. Haecker, Vergil. Vater des Abendlandes (1931), München 1947; H. U. Balthasar, Der antirömische Affekt. Einsiedeln ²1989, 272–287; J. Jorendt u. a. (Hg.), Rom – Nabel der Welt. Macht, Glaube, Kultur von der Antike bis heute, Darmstadt 2010.

[152] Das gilt schon vor Pius XII. Vgl. Paul VI., Apostolisches Schreiben *Pacis nuntius* (1964), mit dem er den Mönchsvater Benedikt von Nursia zum Patron Europas erklärte; vgl. Johannes Paul II. vor allem in dem Apostolischen Schreiben *Ecclesia in Europa* (2003). Benedikt XVI. hat sich immer wieder zum europäischen Erbe wie zur Krise Europas geäußert, in welcher Europa Gefahr läuft, seine Seele zu verlieren. Vgl. C. Sedmak / St. O. Horn (Hg.), Die Seele Europas, Papst Benedikt XVI. und die europäische Identität, Regensburg 2011.

[153] Ansprache von Papst Franziskus an das Europaparlament, Straßburg, 25. November 2014.

[154] Der Begriff »transzendente Würde« muss richtig verstanden werden. Gemeint ist eine Würde, welche dem Menschen als Menschen mitgegeben und eingestiftet ist, die er sich nicht selbst gibt und die ihm auch nicht von der Gesellschaft, dem Staat oder einer Partei gegeben wird. Sie ist deshalb unveräußerlich. Im Grunde handelt es sich um eine säkulare Überset-

zung dessen, was die Bibel mit der Gottebenbildlichkeit des Menschen meint.

[155] Ansprache von Papst Franziskus an das Europaparlament [vgl. oben Anm. 153].

[156] Ansprache von Papst Franziskus an den Europarat, Straßburg, 25. November 2014.

[157] So in der Rede an den internationale Kongress zur Großstadtpastoral unmittelbar nach der Rückkehr von Straßburg am 27. November 2014. Diese Laizität darf nicht mit religions- und kirchenfeindlichem Laizismus (oder der französischen *laicité*) verwechselt werden. Die Laizität anerkennt und achtet mit dem Zweiten Vatikanischen Konzil (GS 36; 41; 56; 76; AA 7) die legitime Autonomie der Kultur und des Staates und mit der Erklärung *Dignitatis humanae* über die Religionsfreiheit, ohne den Wahrheitsanspruch des Christentums aufzugeben, eine Pluralität der Kulturen und Religionen; sie leitet daraus aber im Unterschied zum Laizismus kein feindliches oder gleichgültiges, sondern ein positiv konstruktives Verhältnis des Dialogs, der Zusammenarbeit und der gegenseitigen Bereicherung ab (GS 40; 76).

[158] Ansprache von Papst Franziskus an den Europarat [vgl. oben Anm. 156]. Der Begriff der *Transversalität*, der aus der Mathematik und Geologie stammt, findet sich heute sowohl in der Ökonomie (Theorie der Wechselkurse), der Soziologie, Politologie und Psychologie wie in der Ästhetik und Theorie der modernen Medien. In der Philosophie ist der Begriff Transversalität angesichts der nicht hintergehbaren Pluralität unserer globalisierten Welt grundlegend geworden. Er steht

Anmerkungen

für eine Theorie vernünftiger Kommunikation und kreativer Interaktion zwischen unterschiedlichen ethnischen, kulturellen, religiösen und anderen Gruppierungen. Dabei sucht er den Relativismus und die wechselseitige Gleichgültigkeit eines postmodernen *anything goes* ebenso zu vermeiden wie die neokolonialistische eurozentrische Ausschließlichkeit und einseitige Normativität der westlichen Moderne. Es geht um einen transmodernen Vernunftbegriff, der Identität und Pluralität konstruktiv verbindet und so ein kreatives Zusammenleben und Zusammenwirken ermöglicht, in dem die Identität der jeweiligen Kultur und Religion wertgeschätzt und zugleich in der Begegnung mit anderen Kulturen und Religionen bereichert wird. In Lateinamerika findet sich dieser Denkansatz vor allem bei dem aus Argentinien stammenden E. Dussel, u. a.: Der Gegendiskurs der Moderne. Kölner Vorlesungen, Wien 2012. Im deutschen Sprachraum ist auf W. Welsch zu verweisen, Unsere postmoderne Moderne, Weinheim 1987; Vernunft. Die zeitgenössische Vernunftkritik und das Konzept der transversalen Vernunft, Frankfurt a. M. 1995.

[159] Vgl. die historisch kenntnisreichen Studien von R. Brague: Europa. Eine exzentrische Identität, Frankfurt / New York 1993.

[160] Bei Paul VI. war es das Verhältnis von Glaube und Kultur in der Enzyklika *Ecclesiam suam* (1964) und dem Apostolischen Schreiben *Evangelii nuntiandi* (1975), bei Johannes Paul II. das Verhältnis von Glauben und Wissen in der Enzyklika *Fides et ratio* (1998), ein Problem, das für Benedikt XVI. vollends grundlegend geworden ist, vor allem in seiner Regensburger Vorlesung über Glaube und Vernunft am 12. September 2006.

[161] Ansprache von Papst Franziskus an den Europarat [vgl. oben Anm. 156].

[162] Ansprache von Papst Franziskus an den Europarat [vgl. oben Anm. 156].

[163] Ansprache von Papst Franziskus an das Europaparlament [vgl. oben Anm. 153].

[164] A. Riccardi, Franziskus – Papst der Überraschungen [vgl. oben Anm. 3], 235.

[165] A. Riccardi, Franziskus – Papst der Überraschungen [vgl. oben Anm. 3], 241.

Anmerkungen

Bibelstellenverzeichnis

13,8–10 43	Galater	Hebräer
14,17 38	2,10 93	13,2 107
15,13 38	5,14 43	
15,26 93		1 Johannes
	Epheser	4,1 19
1 Korinther	2,4 46	4,8 47
1,21–25 124		4,16 47
7,10 37	Philipper	
12.10 19	2,6 f 93	Offenbarung
		2,7 61, 73
2 Korinther	1 Thessalonicher	2,11 61, 73
1,3–5 64	5,21 19	2,17 61, 73
8,9 93		2,29 61, 73

Zu dieser Ausgabe

Das vorliegende Buch ist entstanden aufgrund der Ausarbeitung von Vorträgen, die ich in München an der Katholischen Akademie in Bayern, an der Universität Wien und an der Theologischen Hochschule Sankt Georgen in Frankfurt am Main gehalten habe sowie in englischer Sprache am Centro Pro Unione in Rom und an der Catholic University of America in Washington D.C. Der Catholic University of America möchte ich auch an dieser Stelle meinen verbindlichen Dank aussprechen für die Auszeichnung durch den *Johannes Quasten Award*.

Das Buch soll zum zweiten Jahrestag des Pontifikats von Papst Franziskus erscheinen. Deshalb musste das Manuskript in der ersten Woche des Monats Dezember 2014 abgeschlossen werden. Spätere Veröffentlichungen, Reden und Ereignisse konnten nicht mehr berücksichtigt werden.

Dem Verlag Katholisches Bibelwerk und insbesondere Herrn Dr. Ulrich Sander danke ich für die vorzügliche verlegerische und lektoratsmäßige Betreuung.

Wangen im Allgäu, am Fest der Erscheinung des Herrn 2015

Walter Kasper

Zum Autor

WALTER KARDINAL KASPER, geb. 1933, Dr. theol., Professor für Dogmatik, 1989–1999 Bischof der Diözese Rottenburg-Stuttgart, 2001 zum Kardinal erhoben, 2001–2010 Präsident des Päpstlichen Rates zur Förderung der Einheit der Christen und der Kommission für die religiösen Beziehungen zum Judentum sowie Mitglied der Kongregationen für die Glaubenslehre und für die Orientalischen Kirchen.

Walter Kardinal Kasper ist Hauptautor des ersten Bandes des *Katholischen Erwachsenenkatechismus* und Hauptherausgeber der dritten Ausgabe des *Lexikons für Theologie und Kirche*.

Zu seinen zahlreichen theologischen Publikationen zählen unter anderem: *Der Gott Jesu Christi; Jesus, der Christus; Einführung in den Glauben; Theologie und Kirche* (2 Bände). Seine *Gesammelten Schriften* erscheinen im Verlag Herder, Freiburg.

Bei seiner ersten Angelus-Ansprache empfahl Papst Franziskus Kaspers Buch *Barmherzigkeit. Grundbegriff des Evangeliums – Schlüssel christlichen Lebens* (Freiburg i. Br. [4]2012) zur Lektüre.

2. Auflage 2016

© 2015 Verlag Katholisches Bibelwerk GmbH, Stuttgart
Alle Rechte vorbehalten

Für die Texte der Einheitsübersetzung der Heiligen Schrift
© 1980 Katholische Bibelanstalt, Stuttgart

Umschlaggestaltung: Finken und Bumiller, Stuttgart
Umschlagmotiv: Associated Press
Satz: post scriptum, Emmendingen
Herstellung: Finidr s.r.o., Český Těšín
Printed in the Czech Republic

www.bibelwerk-impuls.de
ISBN 978-3-460-32137-3